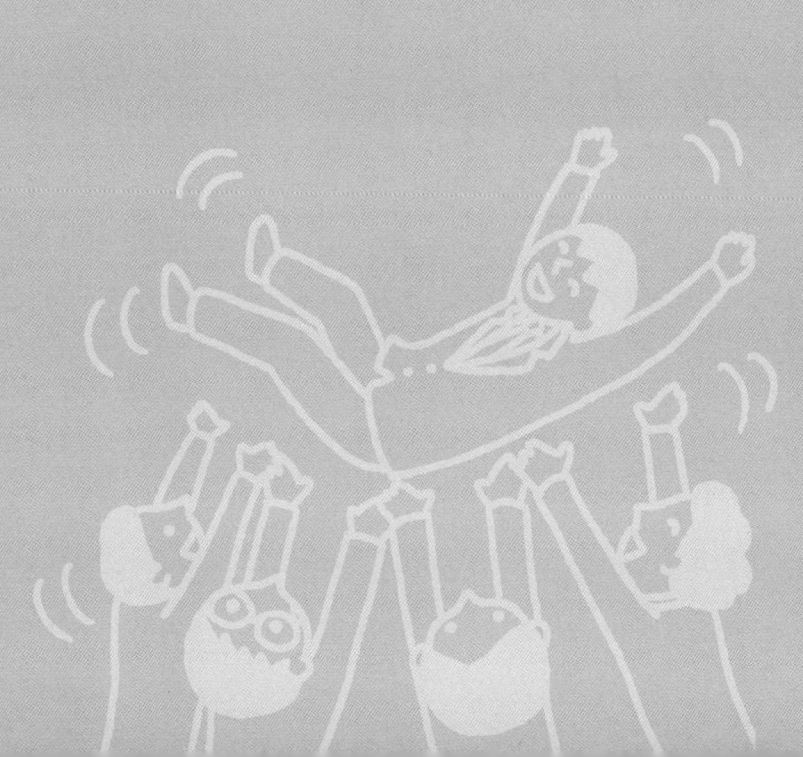

상대의 마음을 움직이는
심리조작 테크닉

KORENARA DEKIRU! SEKAIICHI YASASHII SHINRI SOUSA TECNIQUE
by ISAMU SAITO

Copyright ©2019 by ISAMU SAITO
Original Japanese edition published by Takarajimasha, Inc.
Korean translation rights arranged with Takarajimasha, Inc.
Through BC Agency., Korea.
Korean translation rights ©2021 by N.SAME

이 책의 한국어 판 저작권은 BC에이전시를 통해
저작권자와 독점계약을 맺은 엔세임에 있습니다. 저작권법에 의해
한국 내에서 보호를 받는 저작물이므로 무단전재와 복제를 금합니다.

상대의 마음을 움직이는
심리조작 테크닉

사이토 이사무 지음 | 박재현 옮김

Mr.J

❤ Prologue

마법 같은 심리조작 방법

　사람들은 인간관계에서 다양한 이유로 피로감을 느낀다. 특히 직장에서는 까탈스러운 거래처에, 도저히 해낼 수 없을 것 같은 어려운 프로젝트에, 사사건건 트집을 잡는 상사에, 쓸모라고는 없는 부하직원 때문에 스트레스를 받는다.

'이 사람이 내가 원하는 대로 움직여주면 좋겠다'라고 생각하며 한숨 지었던 경험은 누구에게나 있을 것이다. 만약 다른 사람을 자신의 생각대로 행동하도록 만드는 방법이 있다면 얼마나 좋을까? 만일 그럴 수만 있다면 우리는 매일을 기분 좋게 살아갈 수 있을 텐데 말이다.

　사실 타인의 심리를 자신에게 유리하게 조작하는 테크닉은 전혀 어렵지 않다. 그 요령만 알면 누구든 손쉽게 타인을 조정하는 것이 가능해진다. 이 책에는 누구든 즉시 상대방을 자신의 생각에 따라 행동하도록 만드는 마법 같은 노하우가 담겨 있다. 또한 실생활에서 바로 활용할 수 있도록 다른 사람의 마음을 움직이는 방법과 다양한 사례를 구체적으로 설명한다.

심리조작 테크닉은 이 책을 읽고 있는 당신을 직장에서 상사에게 인정받고, 부하직원이 의지하고 따를 수 있는 사람으로 만들어 줄 것이다. 심리학에서 말하는 심리조작 테크닉을 제대로 이해하고 실제 일상생활에서 자유자재로 활용할 수 있다면, 일은 물론 앞으로의 인생까지 술~술~ 풀릴 것이다.

❤ Contents

Prologue
마법 같은 심리조작 방법 • 04

인물별 심리조작 테크닉 일람표 • 12

심리조작 테크닉 1
도어 인 더 페이스 테크닉 Door in the face Technique • 14

심리조작 테크닉 2
낮은 공 테크닉 Low ball Technique • 24

심리조작 테크닉 3
풋 인 더 도어 테크닉 Foot in the door Technique • 34

심리조작 테크닉 4
스몰 스텝 테크닉 Small steps Technique • 44

심리조작 테크닉 5
거울 효과 테크닉 Mirroring effect Technique • 54

심리조작 테크닉 6
이븐 어 페니 테크닉 Even a penny Technique • 64

심리조작 테크닉 7
후광 효과 테크닉 Halo effect Technique • 72

심리조작 테크닉 8
미완성 효과 테크닉 Zeigarnik effect Technique • 80

심리조작 테크닉 9
칼리굴라 효과 테크닉 Caligula effect Technique • 88

심리조작 테크닉 10
윈저 효과 테크닉 Windsor effect Technique • 98

심리조작 테크닉 11
자기개시 테크닉 Self disclosure Technique • 108

심리조작 테크닉 12
편면 제시 & 양면 제시 테크닉 One sided & two sided presentation Technique • 118

심리조작 테크닉 13
런천 테크닉 Luncheon Technique • 128

심리조작 테크닉 14
단순 접촉의 효과 테크닉 Effect of simple contrast Technique • 138

심리조작 테크닉 15
동조행동 & 반동조행동 테크닉 Pacing & dispacing Technique • 146

심리조작 테크닉 16
피크 엔드 법칙 테크닉 Peak end rule Technique • 154

심리조작 테크닉 17
선택법 테크닉 Choice method Technique • 162

심리조작 테크닉 18
에빙하우스 망각곡선 테크닉 Ebbinghaus curve Technique • 170

심리조작 테크닉 19
벤자민 프랭클린 효과 테크닉 Benjamin Franklin effect Technique • 178

심리조작 테크닉 20
메라비언의 법칙 테크닉 The law of Mehrabuan Technique • 186

INDEX 중요 표현 • 198

인물별 심리조작 테크닉 일람표

◎ 상당한 효과 / ○ 효과 있음 / △ 적당한 효과 / X 효과 없음

※각 장별 활용 가능 한 대상을 표기했다.

	가족(자녀)	파트너 (연인·배우자)	부하	상사	거래처
심리조작 테크닉 1	X	○	○		○
심리조작 테크닉 2	X		○		○
심리조작 테크닉 3		◎		△	
심리조작 테크닉 4	◎		◎		
심리조작 테크닉 5	X	◎	△	○	○
심리조작 테크닉 6		△	○	○	◎
심리조작 테크닉 7		○			◎
심리조작 테크닉 8		◎			○
심리조작 테크닉 9					○
심리조작 테크닉 10	○	○	◎	○	△

	가족(자녀)	파트너 (연인·배우자)	부하	상사	거래처
심리조작 테크닉 11	X	◎	○	◎	○
심리조작 테크닉 12	△	○	△	◎	◎
심리조작 테크닉 13	○	◎	◎	◎	◎
심리조작 테크닉 14		○			◎
심리조작 테크닉 15	○	△		◎	△
심리조작 테크닉 16		○			◎
심리조작 테크닉 17	○	○			△
심리조작 테크닉 18	◎		○		
심리조작 테크닉 19			◎	◎	○
심리조작 테크닉 20	△	◎	○	○	○

심리조작 테크닉 일람표

도어 인 더 페이스 테크닉

♥ Door in the face Technique

'거절했다'는 상대의 죄의식을 이용해 자신의 요구를 받아들이게 한다

기본 내용

　사람이라면 누구나 상대의 부탁을 거절할 때 죄의식을 느낀다. 그런 인간 심리를 이용한 설득의 기술이 바로 '문 안으로 얼굴부터 들이민다'는 뜻의 도어 인 더 페이스 테크닉이다. 이를 제창한 사람은 미국의 사회심리학자 로버트 치알디니(Robert Cialdini)이다.

　로버트 치알디니 연구팀은 피실험자 대학생들을 두 그룹으로 나누어 간단한 실험을 했다. A그룹의 학생들에게는 '봉사활동으로 2년간 매주 상담 프로그램에 참여하라'는 꽤 부담스러운 부탁을 했다. 이 같은 부탁에 당연하게도 대다수의 학생들은 거절했다. 그러나 거절한 직후 이어진 다소 가벼운 다른 부탁은 대부분의 학생들이 받아들였다. 그 비율은 첫 번째 부담스런 부탁의 과정 없이 다소 가벼운 두 번째 부탁만을 느닷없이 제안받은 B그룹의 학생들이 부탁을 승락한 비율보다 무려 세 배나 높았다.

사전 준비

1. 효과적인 위치

상대의 퇴로를 차단한다

처음 상대에게 꽤 부담스러운 부탁을 한 뒤 곧바로 다른 부탁을 하는 것이 중요하다. 자신이 먼저 한 부탁에 상대가 불편을 느끼고 도망친다면 의미가 없다. 만일을 대비해 자신이 문 쪽에 서서 상대가 나갈 수 있는 길을 미리 차단하는 게 좋다.

2. 적합한 장소

온도와 조명에 신경쓴다

도어 인 더 페이스 테크닉은 딱히 장소를 가리지 않아 언제 어디서든 사용할 수 있다. 사람은 쾌적한 공간 속에서 긴장이 풀려 더욱 쉽게 마음을 여는 경향이 있으니 기왕이면 적절한 온도와 조명이 있는 장소를 선택해야 보다 수월하게 승낙을 받아낼 확률이 높아진다.

3. 필요한 도구

계산기와 서류를 준비한다

상대에게 나의 주장이 근거도 없고 말도 안 되는 소리쯤으로 여겨진다면 경계심을 가질 것이다. 반면 주장하는 바가 면밀한 검토를 거친 뒤 도출된 제안이라는 인식을 심어주는 객관적인 도구가 있다면 설득력을 높일 수 있다.

4. 옷차림

성실한 모습을 연출한다

사람은 외모로 타인이 어떤 사람인지를 판단한다. 단정치 못한 복장을 한 사람의 제안은 거절해도 특별한 죄의식 같은 것이 느껴지지 않기 때문에 심리조작 테크닉의 효력이 제대로 발휘되지 못한다. 따라서 청결하고 성실한 사람으로 보일 수 있는 복장을 갖춘다.

Let's Start!   실천하기 위한 과정

> **목표**   견적 1,000만 원을 제시한 거래처와의 회의에서 100만 원을 할인받기 위해 교섭한다.

1. 얼마를 제시할지 금액을 설정한다

맨 처음 제시하는 '부담스러운 요구'와 그 직후에 제시하는 '진짜 요구'로 얼마의 금액을 부를지 결정한다. 처음 요구에서 제시하는 금액은 상대방이 '헉! 그건 절대 무리야'라고 생각할만한 숫자여야 한다. 사회적 상식에서 벗어날 만큼 큰 액수라면 오히려 협상에 불리하게 작용하니 주의하자. 충분히 심사숙고하여 얼마의 금액을 제시할지를 정한다.

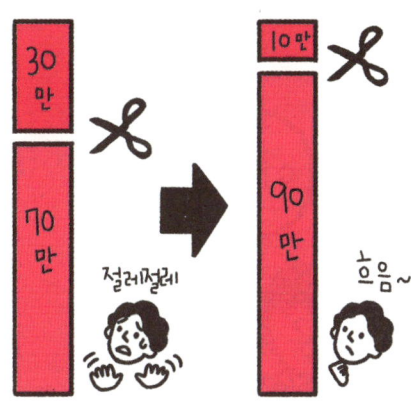

2. 협의는 가벼운 잡담으로 시작한다

상대를 자신의 사무실로 불러 느닷없이 협의를 시작하는 것은 바람직하지 않다. 우선은 아이스 브레이킹(Ice breaking, 어색하고 서먹한 분위기를 완화하는 것_역주)을 위해 가벼운 잡담으로 시작한다. 이는 상대의 경계심을 풀어주는 효과가 있다.

POINT   날씨나 최근 이슈 등을 화제에 올리는 것도 좋지만, 상대의 출신지나 취미 등 서로의 공통점을 탐색할 수 있는 화제가 더욱 좋다.

도어 인 더 페이스 테크닉

3. 먼저 상대방의 이야기를 귀 기울여 듣는다

상대가 말하는 영업 관련 이야기를 끝까지 귀 기울여 듣는다. 그렇게 행동하면 '반보성(返報性)의 원리'가 작용하여 상대도 나의 이야기를 주의 깊게 들어줄 것이다. 반보성이란, 타인에게 받은 호의에 대하여 자신도 그만큼 균형을 맞추려는 심리 작용을 말한다.

4. 가격 인하를 요청하는 이유를 말한다

이유의 근거가 있다면 상대를 설득하기 쉽다. 이것을 '자동성(Automaticity)'이라고 한다. 그 이유가 비록 '상사가 딴지를 걸어서'라는 시답지 않은 것이라도 괜찮다. 자동성이란, 어떤 요구에 깊은 생각 없이 행동하는 심리 현상을 말한다.

5. 큰 요구를 제안한다

①에서 목표로 정한 큰 금액을 제안한다. 견적 1,000만 원을 제안받은 뒤 거기서 10%에 해당하는 100만 원을 할인받는 것이 목표라면 먼저 상대에게 제법 큰 금액을 깎아달라고 요구한다. 이를테면 우선은 '700만 원에 가능하다면 지금 당장 계약할 수도 있다'는 식으로 말하고 나서 나중에 실제로 목표한 금액을 요구하는 것이 요령이다.

6. 예상했던 대로 상대가 거절한다

"그건 절대 무리입니다!"라며 단칼에 거절당할 것이 뻔하지만, 상대의 죄의식을 불러일으키는 효과가 있다. 이는 도어 인 더 페이스 테크닉의 효과를 높인다.

7. 작은 요구를 제안한다

일단 상대가 거절하면 "그렇군요."라고 받아들인 직후 "그러면 100만 원만 깎아주세요"라며 자신이 진짜로 목표했던 할인 금액을 말한다.

POINT

상대의 마음을 배려하며 귀 기울여 이야기를 들어주면, 내 얘기는 듣지 않는 벽창호라는 인식을 낮출 수 있다.

만일 '회사에 돌아가 검토해보겠다'고 말하면 …

무슨 일이 있어도 그 자리에서 결정한다. 시간이 흐르고 제3자의 의견까지 개입되면 죄의식이 사라지고 냉정해지기 쉽다. 그러므로 교섭 자리에서 결정하는 것이 철칙이다. 지금 그 자리에서 결정하도록 '이 자리에서 결정하자'는 말로 상대를 채근한다.

도어 인 더 페이스 테크닉

8. 거절당했다면 재차 요구한다

'그러면 50만 원이라도'라는 식으로 교섭을 이어가는 것도 좋다. 도어 인 더 페이스 테크닉이 효력을 발휘하여 결과적으로 100만 원을 깎는 데 성공할 것이다.

9. 상대를 배웅한다

교섭이 끝나면 고마운 마음을 상대에게 전하고 정중히 배웅한다. 원하는 금액에 맞췄다는 기쁨에 '앗싸! 깎았다!'며 바로 승자의 얼굴을 보여서는 안 된다. 금액을 조절해 준 상대에게 감사의 마음만을 표현한다.

10. 감사의 말로 계약을 확정한다

상대가 회사로 돌아간 이후에 전화나 메일을 통해 '역시 가격 인하는 어렵겠습니다. 없었던 일로 합시다'라는 연락을 해올 수도 있다. 그러면 그간의 모든 노력이 물거품이 되어버린다. 따라서 그 전에 '무리한 조건이었을 텐데 수락해주셔서 고맙습니다'라는 내용의 메일을 보내고 서류 절차를 진행하는 등 신속하게 움직인다.

성공에 이르는 포인트

❶ 처음 요구에서 상대에게 불쾌감을 안겨주지 않는다

요구하는 내용이 상대를 화나게 하거나 반감을 불러일으키면 교섭조차 어려워진다. 상대가 거절하고 죄의식을 느끼는 정도로 적당하게 요구하는 것이 좋다.

❷ 첫 요구 뒤에 곧바로 다음 요구를 한다

첫 요구를 하고 며칠이 지나버리면 아무래도 상대의 죄의식은 옅어지고 교섭의 긴장감도 풀린다. 도어 인 더 페이스 테크닉의 의미도 사라진다.

❸ 많은 제안으로 상대가 거절하는 버릇을 들여서는 안 된다

'그건 곤란합니다', '그것도 안 되겠습니다'라는 거절의 말을 많이 할수록 상대의 죄의식 또한 점차 희미해진다. 거절은 두세 차례 정도로 충분하다.

도어 인 더 페이스 테크닉

두 가지 장점

거래의 중요성이 커진다

상대가 좀 더 적극적으로 생각하고 판단하여 진행한 거래이기에 거래에 대한 책임감을 강하게 느낀다. 따라서 가격 인하뿐 아니라 물품의 납기일, 품질에 관한 요구도 반드시 지킬 가능성이 높아진다.

자신감과 만족감을 안겨준다

도어 인 더 페이스 테크닉은 상대에게 꽃다발을 안겨주는 교섭의 기술이기도 하다. 따라서 상대에게 '유리한 조건을 따냈다'는 자신감이나 만족감을 안겨주는 교섭의 스킬이 중요하다.

도어 인 더 페이스 테크닉
연애에도 활용할 수 있다

"우리 사귈까요?"라고 직접 말했다가는 눈길도 주지 않을 것 같은 이성의 마음을 사로잡기 위해 일단 '도어 인 더 페이스 테크닉'으로 거절당한다. 가장 중요한 것은 둘 사이에 어떤 접점을 만드는 것이다. 친해지는 것은 그 후에 하면 된다.

* 상대에게 직설적으로 자신이 무엇을 원하는지를 말할 때 일부러 거절당하는 '충격완화 단계'를 거치면 심리적으로 여유가 생긴다.

심리조작 테크닉 **2**

낮은 공 테크닉

♥ Low ball Technique

일관성 있는 사람으로 보이려는 인간 심리를 이용해 낮은 조건에서 점차 높은 조건으로 옮겨간다

> **기본 내용**
>
> 　이 심리학 이론을 제창한 사람은 로버트 치알디니입니다.
> 낮은 공 테크닉은 이미 비즈니스 현장에서 오래전부터 이용되었던 기법이다. 판매자는 불리한 조건을 눈에 띄지 않도록 감추어 소비자를 유혹하고, 소비자가 구매를 결정한 이후에야 비로소 불리한 조건을 내보인다.
> 　소비자는 자신이 불리하다는 것을 인지한 이후라도 이미 구매 의사를 표시한 이상 불리한 조건도 편안하게 받아들인다. 소비자에게 확정한 의사를 유지하려는 '일관성의 원리'가 작용했기 때문이다. 캐치볼을 할 때 받기 쉬운 낮은 공부터 시작하여 점차 높이 던진다는 데서 유래하여 '낮은 공 테크닉'이라는 이름이 붙여졌다.

사전 준비

1. 효과적인 위치

신입과 베테랑 사원이 함께한다

혼자서도 충분히 실천할 수 있지만, 신입과 베테랑이 한 팀으로 움직이면 더 효과적이다. 베테랑 사원은 모든 이야기가 마무리된 후에 등장하도록 사무실 밖에서 기다린다.

2. 적합한 장소

눈에 잘 띄는 곳에 매력적인 조건을 제시한다

소비자를 유인하는 조건이 눈에 띄지 않는다면 무의미하다. 점포 앞이나 눈에 띄는 적절한 곳에 배너 광고를 배치한다.

3. 필요한 도구

설명할 서류를 분류한다

소비자에게 불리한 조건이 수록된 자료는 구매가 확정된 다음에 보여주어야 하니, 잘 보이지 않는 곳에 적어두거나 미리 분리해 둔다. 불리한 조건을 숨기거나 고지하지 않는 것은 위법이므로 충분히 주의하여 작성한다.

4. 옷차림

베테랑 사원은 말끔하게 입는다

말끔한 옷차림은 품격을 나타내며 신용도 있어 보인다. 잘 차려입는 것은 권위를 세우는 데 도움이 된다. 신입 사원은 사회 초년생답게 중저가의 옷을 입고, 베테랑 사원은 고가의 옷을 입는 것이 좋다.

Let's Start! 실천하기 위한 과정

목표 옵션으로 고가의 스마트폰을 제공하여 저항감 없이 구매하게 한다.

1. 목표 대상자를 설정한다

낮은 공 테크닉을 누구에게 적용할지 대상자를 설정하자. 나이가 몇 살인지, 소득 수준은 어느 정도인지, 스마트폰에 대하여 얼마나 알고 있는지 등을 파악하여 면밀하게 계획을 세운다.

POINT
소비자가 무엇을 원하는지
철저히 요구사항을 조사한다.

2. 낮은 공 테크닉의 목표를 설정한다

①에서 목표 대상자로 설정한 사람에 맞도록 낮은 공 테크닉을 사용하여 최종적으로 얼마의 금액을 제시할지 결정한다. 단, 지나치게 싼 가격으로 판매하여 손실이 생기는 일이 없도록 수익을 계산하여 설정한다.

낮은 공 테크닉   27

3. 조건을 분류한다

처음 소비자를 낚기 위해 '미끼'로 제시하는 매력적인 조건과 소비자가 구매를 결정한 뒤 나중에 제시하는 불리한 조건을 분리한다. 미끼로 제시하는 금액이 너무 낮으면 의심스러울 수 있고, 너무 높을 경우에는 눈길도 주지 않을 수 있다. 그러므로 목표 대상자에게 제시할 금액과 조건은 심사숙고한 뒤 결정한다.

4. 자료를 준비하고 역할을 분담한다

방문했을 때 사용할 설명 자료를 작성한다. 미끼 금액이 산출된 근거가 되는 자료와 그 이후에 제시하게 될 불리한 조건까지 담은 자료다. 자료 설명은 한 사람이 해도 괜찮지만 두 명이 역할 분담을 하면 더욱 효과가 좋다. 미끼 금액 자료 설명은 신입 사원이, 불리한 조건이 담긴 자료 설명은 베테랑 사원이 제시하는 방식으로 두 사람이 역할 분담을 한다.

5. 매력적인 홍보 문구를 작성한다

미끼로 사용하는 매력적인 조건이 돋보일 수 있도록 효과적으로 홍보 문구를 작성한다. '한정 기한', '수량 한정'처럼 한정이라는 조건을 붙여 좀 더 가치 있어 보이게 만드는 것이 효과적이다. 그렇다고 해서 거짓 정보로 포장해서는 안 된다.

6. 홍보 문구를 보여준다

⑤에서 작성한 홍보 문구를 점포 앞에 게시하거나 소비자에게 나누어 준다. 홍보 방법으로 전단지, 휴대용 티슈, 다이렉트 메일(DM) 등 다양한 매체 중에서 무엇이 효과적일지 계획한다.

7. 구매 흐름으로 유도한다

관심을 보이는 소비자가 점포를 방문하면 먼저 신청서나 고객 카드에 주소나 이름을 적게 하고 구매 흐름으로 끌어들인다. 구매를 취소하기 어렵게 만들기 위한 수단이기도 하다.

> **POINT** 의뢰를 받으면 고객이 먼저 행동하도록 유도하는 것이 중요하다.

8. 낮은 공을 던진다

드디어 실제로 낮은 공을 던지는 단계이다. 우선 신입 사원이 고객에게 미끼 금액에 대하여 설명한다. 이 단계에서 고객이 미끼 설명에 넘어가 구매를 확정하여 신청서에 본인의 정보까지 작성하게 만드는 것이 중요하다.

9. 계획대로 베테랑 사원이 등장한다

신입 사원과 베테랑 사원이 역할을 분담했다면 이제 베테랑 사원이 등장할 차례이다. 신입 사원은 자연스럽게 "상사에게 확인받고 오겠습니다"라고 고객에게 말한 뒤 자리에서 일어나 잠시 후에 사무실에서 상사를 모시고 나오는 연기를 한다.

10. 진짜 조건을 제시한다

②에서 결정한 진짜 조건을 소비자에게 제시한다. "이 금액으로 판매하기 위해서는 다음과 같은 조건을 충족시켜야 합니다", "부가적으로 이 서비스를 신청하시는 게 조건입니다" 등등.

11. 정식 금액으로 구매 약속을 받는다

미끼 금액이 아닌 정식 금액으로 견적서를 작성하고 소비자에게 구매 의지를 확인받는다. 이 단계에서는 비싼 옵션을 끼워 파는 행위를 하면 안 된다.

12. 정식 계약에 드디어 도달한다

소정의 방법에 따라 정식 계약서를 작성하고 계약을 마친다. 이때 추가 옵션은 언제든 해약할 수 있다는 내용 등 소비자에게 불리한 점을 완화시킬 조건이 있다면 알려주는 것이 좋다.

성공에 이르는 포인트

❶ 고객이 '속았다'는 마음이 생기지 않게 해야 한다

원칙적으로 불필요한 옵션이나 터무니없이 비싼 가격을 제시해서는 안 된다. 아무리 문제가 없다고 해도 소비자가 '속았다'는 생각이 드는 방식이라면 순식간에 나쁜 입소문이 퍼질 것이다. 장기적으로 보면 비즈니스에 불리하니 적당한 선을 파악한다.

❷ 불신감을 갖게 했다면 일단 사죄한다

상대가 불신감을 보이는 것이 느껴진다면 일단 사죄하고 계약은 얼마든지 취소해도 좋다고 말한다. 고객에게는 자신에게 좋은 일을 해줬다는 '반보성의 원리'가 작용하여 "이왕 여기까지 얘기된 마당에"라고 생각하며 대개 계약을 이어간다.

낮은 공 테크닉

상대가 낮은 공 테크닉으로 설득할 때의 대처법

감정은 제쳐두고 진짜 금액이 처음에 자신이 예상했던 범위에 해당하는지 여부만 검토한다. '여태 시간을 들였는데 여기까지 와서 없었던 일로 하기에는 아쉽다', '처음 제시한 조건과 달라졌다는 부분에 사과도 받았으니까!'라는 식의 마음의 목소리는 깡그리 무시한다.

*'아까운 기회다', '상대에게 미안하다'는 감정은 모두 상대가 던진 낮은 공 테크닉에 기인한 것임을 잊어서는 안 된다.

심리조작 테크닉
3

풋인더도어
테크닉

♥ Foot in the door Technique

작은 요구에 'Yes'라면 큰 요구도 쉽게 승낙한다

기본 내용

풋 인 더 도어 테크닉은 미국의 심리학자 조나단 프리드먼(Jonathan Friedman)과 스콧 프레이저(Scott C. Fraser)가 제창했다.

조령석개(朝令夕改)라는 사자성어는 '아침에 명령을 내리고 저녁에 다시 바꾼다'는 의미이다. 입을 열 때마다 말이 바뀌는 사람은 신용을 얻지 못하기에 사람은 누구나 자신이 '일관성 있는 사람'으로 보이길 원한다. 그 같은 심리를 잘 이용한 것이 풋 인 더 도어 테크닉이다.

이 심리조작 테크닉의 효과는 수많은 심리 실험을 통해 증명된 바 있다. 암협회 배지를 옷깃에 다는 것에 동의한 사람은 장기기증 동의서에 서명할 확률이 높다고 한다. 일단 자신이 어떠한 사안에 의사표시를 한 바가 있다면 일관성을 유지하기 위해 비슷한 요구에 쉽사리 거절하지 못하는 모습을 보인다.

사전 준비

1. 적절할 타이밍

바빠 보이는 사람에게는 사용할 수 없다

'시간이 없어 안 된다'는 상대에게는 큰일은 물론이고 작은 일조차 부탁할 수 없다. 그러니 상대의 반응을 살피며 가능하면 상대가 시간적으로 여유 있는 시기를 노린다.

2. 준비 자세

아이디어를 떠올린다

작은 요구를 하는 데 있어 선택지는 많을수록 좋다. 먼저 자신의 머리를 말랑말랑 유연하게 풀어 상대가 승낙할 만한 아이디어를 다양하게 떠올린다.

3. 적합한 인물

성공 확률을 한층 높인다

어려운 부탁을 할 때 들러리 역할을 할 친구가 있으면 좋다. 곁에서 "그 정도는 괜찮아요!"라며 가볍게 말해 줄 친구가 있다면 상대도 똑같이 대응해올 것이다.

4. 옷차림

부탁에 맞는 옷차림을 한다

상대에게 돈을 빌려달라고 부탁하면서 온몸을 명품으로 치장하거나, 데이트 신청을 하면서 남루한 차림이라면 거절당할 확률도 높아진다. 부탁을 할 때는 필요한 요구에 어울리는 옷차림을 갖춘다.

Let's Start! 실천하기 위한 과정

| 목표 | 방문 영업사원이 이미 도입된 복사기를 자사 제품으로 교체한다. |

1. 목표를 설정한다

풋 인 더 도어 테크닉으로 최종적으로 어떤 요구를 할지 전체적인 목표치를 설정한다. 이번 경우에는 '복사기를 전부 자사 제품으로 교체하는 것'이 목표이다.

2. 작은 요구를 여러 개 생각해낸다

담당자가 그 자리에서 '좋다!'고 승낙할 수 있는 작은 요구를 포함하여 중간 단계의 요구까지 가능한 한 많은 '자잘한 요구들'을 생각해낸다. 상대가 얼마나 부담을 느끼게 될지 파악하며 그에 따라 꺼내게 될 다양한 요구들이다.

풋 인 더 도어 테크닉

3. 요구를 가지고 영업하러 출발한다

자, 이제 영업하러 가자. 작은 요구는 풋 인 더 도어 테크닉 중 한 과정이지만 고객에게도 유용한 것이니 자신감을 갖는다.

👉 **POINT**

어느 정도 재량권을 가진 사람을 사로잡는 것이 중요하다.

4. 일단 작은 요구를 제시한다

처음엔 작은 제안부터 시작한다. "복사기에 대한 설문조사를 하고 있습니다. 협조 부탁드립니다. 10분만 내어주시면 됩니다" 등.

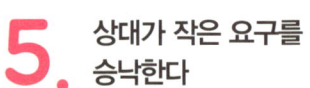

5. 상대가 작은 요구를 승낙한다

상대가 "그 정도는 괜찮아요"라고 말한다면 일단 성공!

6. 요구 수준을 높인다

작은 요구의 정도를 점차 높인다. "감사합니다. 마침 복사기에 대해 모니터링해 줄 업체를 찾는 중인데 어떠세요? 토너도 제공해드리고 있으니 무료로 사용해보시죠" 등등 조건을 제시한다.

7. 또다시 승낙받는다

"정말 그래 주실 수 있어요?" 상대가 좋은 반응을 보인다면 이미 승기를 잡았다고 생각할 수 있다. 꼭 다시 승낙받는다.

8. 잠시 시간을 가진다

고객이 무료로 충분히 사용할 수 있는 시간을 잠시 가진다.

👉 POINT

심리조작 테크닉1에서 소개한 '도어 인 더 페이스 테크닉'은 간발의 차이도 두지 않고 곧장 다음 요구를 해야 하지만, '풋 인 더 도어 테크닉'에서는 잠시 시간을 두는 게 좋다.

9. 다음 방문에서 큰 요구를 한다

자사 복사기를 무료로 사용하고 있는 업체를 방문해 지금 어떤 상황인지 묻는다. 좋은 평가를 받고 있다면 "지금처럼 계속 사용하시면 좋을 텐데요…" 라고 큰 요구를 한다.

10. 무사히 계약을 체결한다

상대의 마음속에서는 '여태 공짜로 사용했고…', '지금껏 좋은 관계로 지냈는데 갑자기 손바닥 뒤집듯 정색하는 것도 좀…'이라는 마음이 생긴다. 일관성 있는 사람으로 보이려는 심리가 작용하여 계약을 하기에 이르는 것이다.

성공에 이르는 포인트

❶ 요구의 차이가 너무 크지 않게 한다

작은 요구를 한 뒤에 느닷없이 큰 요구를 하면 거절당하기 쉽다. 예를 들어 돈을 빌릴 때, '1,000원이라도 좋으니 빌려달라'고 가볍게 말한 다음 '100만 원을 빌려달라'고 크게 요구하면 상대에게 돈을 빌리기 힘들어질 것이다.

❷ 요구의 단계를 나눈다

'작은 요구→큰 요구'가 아니라 '작은 요구→작은 요구→큰 요구'라는 과정도 효과적이다. 이것을 '투 풋 인 더 도어 테크닉(Two foot in the door Technique)'이라고 말한다.

❸ 처음 요구를 할 때 금전을 주지 않는다

금전으로 보수를 주면 단연코 승낙을 얻어낼 확률은 높지만 반면 역효과도 있다는 사실이 증명되었다. 금전을 건네면 상대에게 '매수당했다'는 심리가 작용하기 때문이다.

풋 인 더 도어 테크닉
두 가지 장점

심리적 저항이 없고 거절하기 어렵다

쉽게 받아들여 줄 작은 부탁부터 시작하기에 상대방은 심리적 부담을 거의 느끼지 않는다. 무턱대고 거절당하는 일은 없을 것이다.

심리적 위험 부담이 적다

도어 인 더 페이스 테크닉처럼 일단 거절당하는 것부터 시작하는 건 비록 심리조작 테크닉일지라도 내키지 않는다. 따라서 영업처럼 반복적으로 행하는 경우에는 심리적으로 위험 부담이 적은 테크닉을 선택하는 것이 좋다.

풋 인 더 도어 테크닉
도어 인 더 페이스 테크닉과 낮은 공 테크닉의 다른 점

처음 접근하는 방식이 다르다

최종적으로 다다르는 목표 지점이 같아도 처음에 큰 요구로 일부러 거절당하는 것이 '도어 인 더 페이스 테크닉'이라면, 처음에 작은 요구로 승낙을 받아내는 것이 '풋 인 더 도어 테크닉'이다. 전자는 상대방이 이쪽의 요구를 거절하여 '미안하다'는 죄의식을 느껴 다음 요구를 승낙하게 만들고, 후자는 상대가 스스로 '일관성 있는 사람으로 보이고 싶다'는 마음으로 다음 요구를 승낙하게 만든다.

풋 인 더 도어 테크닉
○ 작은 요구   ○ 큰 요구

도어 인 더 페이스 테크닉
✗ 큰 요구   ○ 작은 요구

중간에 요구를
바꿀까, 말까가 다르다

단계를 밟아 이야기를 진행시켜 최종 목표 지점에 이르는 '풋 인 더 도어 테크닉'과 '낮은 공 테크닉'은 언뜻 비슷해 보인다. 하지만 상대방이 일관성 있는 사람으로 보이려는 심리를 이용하는 '풋 인 더 도어 테크닉'과 달리 '낮은 공 테크닉'은 협상 도중 본래 전제로 했던 이야기의 내용을 바꾼다는 데 차이가 있다. 낮은 공 테크닉은 옵션을 붙여 비싼 값으로 판매하는 경우처럼 부정적인 이미지를 가진 수법이기도 하다. 반면 계획한 바를 얻었다는 긍정적인 감정을 안겨주기도 한다.

풋 인 더 도어 테크닉
○ 작은 조건   ○ 다른 큰 조건

낮은 공 테크닉
○ 좋은 조건의 요구   ○ 다른 조건의 요구

심리조작 테크닉 **4**

스몰 스텝
테크닉

♥ Small steps Technique

목표를 작게 나누면
달성하기 쉽다

기본 내용

스몰 스텝 테크닉이란, 어려운 목표를 수행할 때 그 내용을 작은 단위로 나누고 쉬운 것부터 하나씩 시작하여 어려운 것으로 옮겨가는 방법이다. 20세기를 대표하는 미국 출신의 심리학자 벌허스 프레더릭 스키너(Burrhus Frederic Skinner)의 심리학 이론으로, 그의 프로그램은 교육 현장은 물론 비즈니스에서도 널리 응용되고 있다.

공부든 일이든 처음부터 어려운 것에 도전하면 대개는 실패하여 끝내 의욕 저하로 이어지기 마련이다. 스몰 스텝 테크닉에서는 '해냈다!'는 성취감을 중시하여 포기하지 않고 계속 학습하도록 만드는 것이 포인트다.

사전 준비

1. 준비물

무엇이 필요할까 따져본다

효율적으로 공부할 수 있도록 돕는 개요서나 교과서 등 자료를 준비한다. 자전거 타는 방법이나 캐치볼 하는 방법 등 가르치는 내용에 따라 필요한 물건이 있다면 함께 준비한다.

2. 적합한 인물

가르치는 사람을 알아본다

상대가 어린아이든 사회인이든 상관없이 가르치는 내용에 대하여 잘 알고 있는 사람을 찾아본다. 그 내용의 모든 과정을 숙지하고 있어 자세하게 설명해줄 수 있는 사람이 이상적이다.

3. 필요한 도구

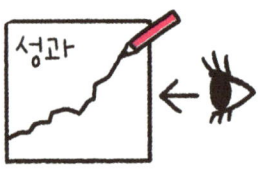

성과를 시각화한다

열심히 노력하는 과정과 결과를 기록한다. 메모하거나 사진, 동영상을 찍어도 좋다. '해냈다'는 성취감은 꾸준히 차곡차곡 노력을 쌓아가는 추진력이 된다.

4. 적합한 장소

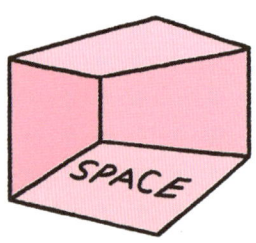

공간을 확보한다

배우는 내용에 필요하고, 적합한 공간을 확보한다. 시작하자마자 중단하는 일이 없도록 목표를 잘 세운다.

Let's Start! 실천하기 위한 과정

목표 회의 중 앉아서 졸고 있는 부하직원을 격려하고 의욕을 북돋는다.

1. 회의 중에 왜 졸았는지 그 원인에 대해 이야기한다

부하직원과 면담 시간을 만들어 회의 중에 왜 늘 졸고 있는지에 대해 이야기한다. 수면부족으로 졸음이 오는 것인지, 의욕이 없어서인지, 아니면 양쪽 모두인지. 이것이 '졸지 말라'고 부하직원을 질책하는 자리가 되어서는 안 된다. 그 원인을 찾는 것이 목표다.

2. 문제를 나누고 순서대로 해결한다

①의 과정에서 회의 중 자꾸 조는 원인이 '졸음도 오고', '의욕도 없어서'라는 사실을 알아냈다. 이렇게 문제를 나누고 '조는' 원인을 하나씩 해결한다.

☞ POINT

이런저런 문제를 한꺼번에 해결하려고 하지 않는다. 문제를 해결하는 수준을 부하직원에게 맞춘다.

3. 문제를 작게 분석한다

부하직원이 업무 중에도 조는지, 혹은 회의 중에만 조는지 살핀다.

4. 노력으로 해결할 수 있는지 판단한다

만약 자꾸 조는 원인이 질병에 의한 것이라면 적절히 지도하기보다 치료가 우선이다. 생활 속에서 치유하고 필요할 경우 병원 진료를 권한다.

5. 근본적인 문제 해결에 나선다

충분한 수면 시간을 확보하도록 지도한다. 필요에 따라 잔업을 없애주고 일찍 퇴근할 수 있도록 배려한다.

6. 두 번째 단계로 나아간다

충분한 수면 시간을 갖도록 하니 앉아서 조는 일이 현저히 줄었다. 그러나 조금만 한눈팔면 또다시 꾸벅꾸벅 졸고 있다. 왜 졸았는지 물으니 도저히 참을 수 없을 만큼 지독한 졸음이 몰려왔다고 말한다.

7. 작은 과제를 맡긴다

회의 시간에 이야기를 듣기만 하다 조는 상황을 해결하기 위해 회의록 기록을 맡긴다. 과거의 회의록을 참고하여 효율적인 작성 노하우를 알려준다.

POINT

이 단계에서 느닷없이 어려운 일을 툭 던져줘서는 안 된다.

스몰 스텝 테크닉

8. 두 번째 단계의 결과를 검증한다

회의록 작성 업무를 맡은 후부터 회의 시간에 졸지 않게 되었다. 완성된 회의록 내용에 대하여 긍정적으로 피드백하면서 격려해준다.

9. 세 번째 단계로 나아간다

회의록을 작성한 뒤부터 자신도 회의에 공헌한다고 느낀 부하직원이 갑자기 의욕을 보이기 시작했다. 그래서 조금 더 어려운 임무를 맡기기로 한다. 부서에서 다루는 수치를 보고하는 일이다.

10. 자기긍정감을 심어준다

서툴긴 해도 부하직원이 무사히 보고를 마쳤다면 칭찬을 통해 자기긍정감을 심어준다. 이는 다른 일을 해내는 의욕으로 이어질 것이다.

11. 네 번째 단계로 나아간다

세 번째 단계에서 맡긴 업무보다 좀 더 어려운 일을 맡긴다. 우선 회의에 사용할 보고서 중 일부분의 작성을 맡기고, 점차 작성하는 범위를 넓혀나간다.

12. 의욕이 계속 유지되도록 응원한다

좌절하지 않고 차곡차곡 작은 성취감을 맛봄으로써 부하직원은 조는 일이 없어졌을 뿐 아니라 늘 의욕적인 태도로 일하게 되었다.

스몰 스텝 테크닉

스몰 스텝 테크닉
긍정적인 효과

의욕을 이끌어낸다

스몰 스텝 테크닉은 어렵지 않은 작은 목표를 하나씩 달성해가는 방법이다. 실패하는 일 없이 '나도 할 수 있다'는 성취감을 손쉽게 얻는 과정을 여러 번 반복하면 자기긍정감이 높아진다. 자연스럽게 의욕을 이끌어내는 결과를 얻는다.

성취감에 의해 의식 개혁이 이루어진다

입시나 취업에 실패하고, 승진에서 계속 밀려 점차 자기긍정감을 상실한 사람에게도 스몰 스텝 테크닉은 매우 효과적이다. 자신에 대한 열등감을 느끼는 사람도 '해냈다!'는 성공 체험을 차곡차곡 쌓아가는 동안에 의식이 달라진다. 저절로 의식 개혁이 일어나는 것이다.

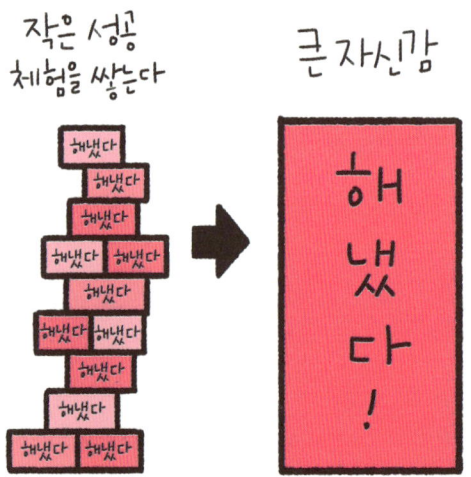

스몰 스텝 테크닉

자녀 양육에도 사용할 수 있다

자녀 교육 방법에 대해 고심하는 부모가 많다. 놀이나 운동을 통해 몸과 마음이 성장하는 아이의 의욕을 끌어내는 데에도 스몰 스텝 테크닉을 활용할 수 있으니 참고하자.

*아이가 가르쳐준 것과 다르게 행동할 수도 있다. 이를 '오반응'이라고 한다. 실패하거나 오반응을 피하기 위해서라도 단계를 작게 나눈다.

심리조작 테크닉 5

거울 효과 테크닉

♥ Mirroring effect Technique

거울처럼 상대를 따라하는 행동을 하면 호감을 살 수 있다

기본 내용

　거울 효과 테크닉을 제창한 사람은 미국 워싱턴대학교 심리학과 교수인 앤드류 멜초프(Andrew Meltzoff)다.
　연애를 할 때도 일을 할 때도 상대에게 호감을 안겨주고 싶은 마음은 누구에게나 있다. 그때 사용할 수 있는 심리학 이론으로 '거울 효과'가 널리 알려져 있다. 거울 효과는 거울 뉴런(신경세포)과 관련되어 있는 이론이다. 남의 행동을 보는 것만으로도 자신이 그 행동을 할 때와 똑같이 거울 뉴런이 반응한다. 따라서 자신도 모르는 사이 상대와 똑같은 몸짓을 하고 상대가 웃으면 자신도 웃는, 글자 그대로 거울처럼 똑같은 행동을 하게 된다.

> 사전 준비

1. 옷차림

상대와 의상을 맞춘다

상대가 어떤 복장으로 나타날지는 알 수 없고 남녀에 따라 패션에도 차이가 있을 것이다. 그렇다고는 해도 색상을 동일하게 하던지, 의상 코드를 맞추면 동조하기 쉽다.

2. 적합한 장소

잘 보이도록 마주 앉는다

거울처럼 상대방과 똑같이 행동해도 마주 앉지 않는다면 볼 수 없고 보이지도 않는다. 마주 보고 앉을 수 있는 공간으로, 자신에게도 상대에게도 서로가 잘 보이는 장소를 찾는다.

3. 적절한 타이밍

여유 있는 때를 노린다

상대가 시간에 쫓길 정도로 바쁘거나, 다른 일에 마음을 빼앗긴 상태에서는 일찌감치 대화를 끝내려 할 가능성이 크다. 상대가 바쁘지 않고 여유 있을 때를 기다린다.

4. 필요한 도구

상대의 소지품을 확인한다

만년필이나 수첩, 라이터, 스마트폰 등 상대가 잘 사용하는 물건을 파악해 두었다가 같은 것을 준비한다. "어머, 같은 것을 쓰고 있군요!"라며 기분 좋은 우연을 만들 수 있다. 단, 우연이 여러 번 반복되면 의심을 살 수 있으니 주의한다.

Let's Start! 실천하기 위한 과정

목표 까다롭지만 중요한 고객의 마음을 사로잡기 위해 자리를 마련하고 반드시 신뢰를 얻는다.

1. 예의 바르고 좋은 첫인상을 준다

상대에게 좋은 인상을 줄 것인지는 사실 거울 효과만으로 결정되지 않는다. 인사를 하고 명함을 교환할 때, 잡담을 나눌 때 미소 띤 얼굴을 잃지 말고 예의 바르게 행동하자. 이는 좋은 첫인상을 만들어 줄 것이다.

2. 상대의 말하는 속도를 관찰한다

상대가 빠른 속도로 말을 하는지, 생각하면서 천천히 말하는지, 수다스러운지 아니면 과묵한지, 서둘러 질문하는지, 주로 질문에 대답을 하는지 등 대화를 나누면서 상대의 대화 습관을 파악한다.

3. 상대의 감정을 관찰한다

기분 좋게 웃고 있는지, 화가 났는지, 슬퍼 보이는지 그때그때 상대의 감정에 맞추는 것이 거울 효과 테크닉의 방법이다. 상대가 비관적인 타입인지 아니면 낙관적인 타입인지를 파악한다.

4. 상대의 몸짓을 관찰한다

팔짱을 끼거나 다리를 꼬는 행동은 상대를 경계하고 있을 때 나타나는 몸짓이다. 상대가 고객이라면 이런 행동을 따라하는 것이 좋은 방법은 아니지만 지금 상대가 어떤 심리인지는 충분히 알 수 있다.

☞ **POINT**

반대로 팔짱을 풀고 열린 자세로 있는 사람은 느긋한 마음으로 상대를 대하는 중이다.

5. 펜이나 도구를 다루는 방식을 관찰한다

어떤 물건을 손에 들고 있다면 그것을 거울 효과 테크닉에 사용할 수 있다. 상대가 펜이나 노트를 어떤 식으로 다루는지 관찰한다.

6. 음료를 마시는 타이밍을 맞춘다

커피나 물을 마시는 타이밍을 알면 회식 자리에서 술을 마시고 음식을 먹는 타이밍을 상대와 맞출 수 있다.

7. 말하는 속도를 맞춘다

충분히 관찰했다면 본격적으로 상대에 맞추기 시작한다. 먼저 말하는 속도부터 맞춘다. 상대가 말하는 속도가 빠르다면 자신도 빠르게, 느긋하게 말하는 스타일이라면 그 느릿한 속도에 맞춘다.

8. 몸짓을 따라한다

상대가 턱을 만지작거리거나 손을 움직이거나 고개를 갸웃거리는 몸짓을 하면 마치 거울에 그 모습을 비추듯 상대의 행동을 따라한다.

9. 따라하면서 상대를 잘 살핀다

과도하게 상대의 몸짓을 따라하면 상대가 이상하게 생각할 수 있다. 특히 상대가 거울 효과라는 심리학 이론에 대해 잘 알고 있을 경우 불쾌감을 느낄지도 모른다. 그러니 상대가 자신의 전략을 눈치챘는지 잘 살피며 행동한다.

POINT

상대가 심리학을 잘 아는 사람이라면 거울 효과에 대해서도 알고 있을 것이다.

10. 다시 상대를 따라한다

상대가 조금이라도 미심쩍게 생각하는 낌새가 느껴지면 그 즉시 중단한다. 그러나 별다른 변화가 없다면 상대의 몸짓을 계속 따라한다.

11. 그 자리를 떠난다

상대를 따라하면서 한 차례 대화가 끝났다면 인사하고 그 자리를 떠난다.

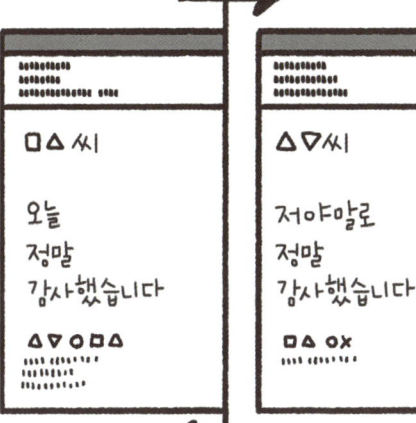

12. 감사 메일에도 거울 효과 테크닉을 사용한다

만난 날 바로 감사 메일을 보낸다. 만약 상대가 메일을 간결하게 쓰는 사람이라면 짧고 간결하게, 장황하게 쓰는 타입일 경우 장문으로 메일을 보낸다.

거울 효과 테크닉

메일을 보낼 때도 효과적이다

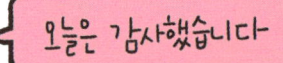

이모티콘을 따라한다

메일이나 메시지의 이모티콘은 커뮤니케이션 분위기를 화기애애하고 매끄럽게 만들어주는 효과가 있다. 상대가 사용하는 이모티콘의 양만큼 자신도 이모티콘을 사용하는 것도 거울 효과를 얻는 방법이다.

행갈이나 마침표도 따라한다

메일의 문체에는 그 사람의 개성이 강하게 나타난다. 행갈이나 마침표 찍기, 문장 분위기에도 맞추자. 호응 빈도나 메일을 보내는 시간대도 맞추면 더욱 효과적이다.

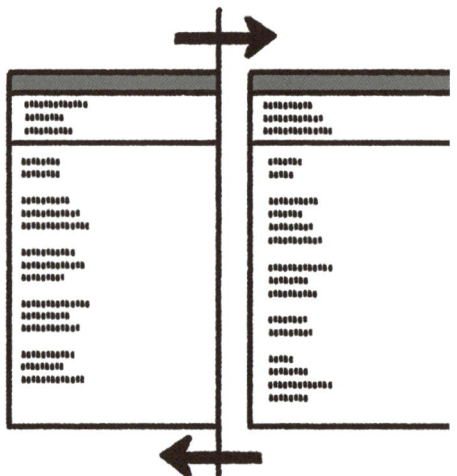

거울 효과 테크닉

남녀에 따른 주의사항

남성

공감 능력을 키운다

남성은 상대적으로 여성에 비해 상대를 거울에 비추듯 흉내 내는 데 서툴다. 자기주장이 강하고 상대의 심리를 좀처럼 알아채지 못하는 사람이 거울 효과 테크닉을 익혀두면 커뮤니케이션에 큰 도움이 된다. 단, 상대를 따라하는 방법으로 호감을 얻은 사람이라도, 커뮤니케이션의 수준이 낮다면 언젠가 정체가 드러날 것이다. 평소에 의식적으로 상대의 마음을 미루어 짐작하거나 배려하는 마음을 가지려는 노력을 한다.

여성

과하지 않도록 주의한다

여성은 공감하거나 조화를 이루는 능력이 높아서 자연히 상대에 맞춰 말하고 맞장구친다. 특별히 거울 효과를 의식하지 않아도 충분히 잘할 수 있다. 오히려 호감을 안 겨줄 생각으로 거울 효과 테크닉을 남용하면 비열한 사람으로 보이기도 한다. 따라서 거울 효과 테크닉을 남용하는 것은 금물이다. 사람에 따라서는 삼가는 것이 좋을 때도 있다.

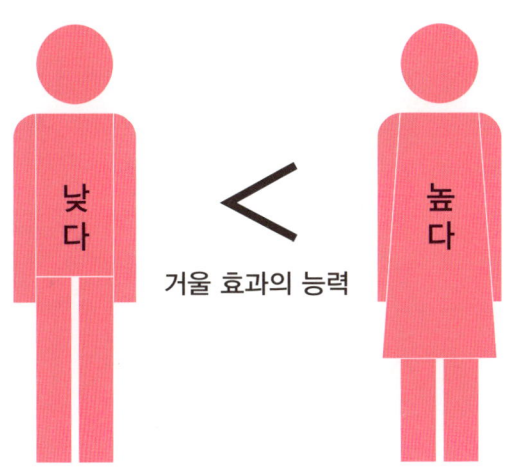

거울 효과의 능력

이븐 어 페니 테크닉

♥ Even a penny Technique

어려운 부탁은 고민해도
사소한 부탁은 흔쾌히 받아들인다

기본 내용

이븐 어 페니 테크닉을 제창한 사람이 누군인지는 분명하지 않다.

이븐 어 페니 테크닉이라는 명칭에 등장하는 '페니(Penny)'는 영국의 통화 단위로 1파운드의 100분의 1에 해당한다. 우리나라 돈으로 환산하면 100원짜리 동전쯤으로 보면 좋을 것이다. 100원 정도의 '적은 금액이라도 좋으니 도와달라' 부탁하는 방법이 사람의 마음을 움직인다는 심리학 이론이다. 실제 모금하는 상황을 연출했을 때 "얼마든 좋으니 모금에 참여해주세요", "조금이라도 좋습니다"라는 말보다 "1페니라도 좋으니 모금에 참여해주세요"라는 말이 더 많은 액수를 모금하게 만들었다.

사전 준비

1. 리허설

부탁 내용을 간결히 한다

'조금만'에 대한 설명이 모호하면 상대를 초조하게 만들 뿐이다. 간결하게 설명할 수 있도록 요점을 정리하고 설명하는 연습을 한다.

2. 상대의 상황

중요한 용무를 앞두고 있을 때는 피한다

아무리 부탁을 쉽게 받아들이게 만드는 심리조작 테크닉이라고 해도 중요한 일을 앞두고 바짝 긴장해 있거나 몹시 바쁜 사람에게 적용하면 '분위기도 파악하지 못하는 사람'이라는 부정적인 평가를 받는다. 반드시 상대가 어느 정도 여유가 있을 때를 노린다.

3. 필요한 도구1

부탁할 내용을 미리 준비한다

모처럼 부탁을 받아줄 준비가 되어 있는 상대 앞에서 우물쭈물할 경우, 상대가 변심할 가능성도 있다. 따라서 상대가 마음을 바꾸기 전에 무엇을 부탁할지 그 내용을 준비해둔다.

4. 필요한 도구2

감사 선물을 준비한다

무엇을 부탁하는지에 따라 다르지만 부탁을 받은 부하직원이나 후배가 '이용당했다'는 부정적인 생각을 가질 수도 있다. 부탁한 뒤에 커피나 간식 같은 선물로 고마운 마음을 전한다면 좋은 인상을 심어줄 수 있다.

Let's Start! 실천하기 위한 과정

목표 해도 해도 끝이 나지 않는 업무 처리를 위해 후배의 도움을 받는다.

1. 우선 말부터 건넨다

이븐 어 페니 테크닉이라고 해도 무엇인가를 바로 부탁하지는 않는다. "잠시 얘기해도 될까?", "일 분만 시간 내줄 수 있어?"라는 식으로 말을 건넨다.

2. 승낙을 받는다

"좋아요" 등의 말로 확실한 승낙을 받는다. 이 과정을 거치면 상대에게 '풋 인 더 도어 테크닉'에서 사용하는 일관성의 심리가 작용해 이후의 부탁도 쉽게 들어준다.

POINT

사람들은 대부분 일관성 있는 모습으로 보이길 원한다.

이븐 어 페니 테크닉

3. 부탁할 내용을 보인다

'이 일을 도와주었으면 한다'고 어떤 일을 어느 정도로 부탁할지 미리 준비해두었다가 보인다.

4. 거절도 이미 계획된 것이다

부탁을 했지만 이 부탁 역시 거절당해도 좋다. '도어 인 더 페이스 테크닉'에서 설명한 대로 상대는 거절함으로써 죄의식이 작용하여 이후 부탁은 받아들이게 된다.

👉 POINT

심리조작 테크닉1에서 소개한 '도어 인 더 페이스 테크닉'은 처음에 일부러 큰 요구를 해 거절당하고 이후에 작은 요구를 하여 승낙 받는 설득의 기술이다.

5. 조금만 도와달라고 부탁한다

드디어 이븐 어 페니 테크닉을 사용할 때가 왔다. "그럼 한 시간만 도와줄 수 있을까?"라고 부탁하는 것이다. 이때 상대가 '그 정도라면 좋다'고 생각하는 수준을 알게 된다.

6. 승낙 받는다

상대가 "그 정도라면 좋아요"라고 말한다면 작전은 성공이다. "당신이 도와준다니 안심이 되네요"라며 다소 과장되게 칭찬하거나 감사의 말을 전한다.

7. 부탁한 것보다 더 요구한다

여기까지 승낙한 사람이라면 "한 시간만 도와줘"라고 부탁했어도 시간을 넘겨 도와줄 가능성이 크다. 자연스럽게 느껴질 정도로 조금 더 많은 양을 권유해도 좋다.

8. 일에 집중한다

상대가 일을 돕는 동안 정작 본인은 한가롭게 보인다면 당연히 반감을 살 것이다. 그러므로 자신도 일에 집중한다.

이븐 어 페니 테크닉

9. 추가할 일이 있으면 또 부탁한다

한 시간이 지날 무렵 추가할 일이 있다면 또 부탁한다. "진짜 미안한데, 한 페이지만 더 부탁해"라며 여기서도 이븐 어 페니 테크닉을 사용한다.

10. 감사의 마음을 전한다

일을 마치면 "당신 덕에 살았어!", "당신이 없었으면 끝내지 못했을 거야"라며 감사의 말을 충분히 전한다. 이때 커피나 과자를 건네도 좋다. 상대가 '이용당했다'는 식으로 느끼지 않도록 고마운 마음을 충분히 담아서 전한다.

이븐 어 페니 테크닉

세상에서 흔히 사용되는 방법

'1분만'은 영업의 단골 멘트

고객 접근법이나 방문 영업에서는 '1분만 제 이야기를 들어주세요'라는 말이 자주 사용된다. 실제로 1분 만에 이야기가 끝나는 것은 아니지만 우선은 이야기를 나눌 기회를 얻어야 상대에게 필요한 요구를 할 수 있다.

시식 판매 등에서 고객을 대할 때 유용하다

판매 코너에서는 고객에게 "잠깐 들어와서 구경만이라도 해보세요", "시식만이라도 해보세요"라고 말한다. 고객은 '조금만'이라는 말에 이끌려 들어가 구경하고 어느 사이에 지갑을 여는 일도 흔히 발생한다.

후광 효과 테크닉

♥ Halo effect Technique

눈에 쏙 들어오는 두드러진 특성이 다른 세부 특성을 평가하는 데 영향을 미친다

기본 내용

후광 효과를 제창한 사람은 미국의 심리학자 에드워드 손다이크(Edward Lee Thorndike)다.

소개팅으로 만난 남자가 지극히 평범해 보여 마음에 들지 않았다가도, 알고 보니 일류 대기업에서 근무하는 인재라는 정보를 듣게 된다면 갑자기 그가 굉장히 매력적인 사람으로 보인다. 기업에서 제품 광고를 할 때 인기 연예인을 모델로 내세우는 이유도 같은 이치다. 호감형의 매력적인 연예인이 광고하는 상품이라면 전부 갖고 싶어지는 심리를 '후광 효과'라고 부른다. 후광이란 불상이나 성자 뒤에 표현되는 빛을 말한다. 이 후광 효과는 부정적인 특징에 대해서도 똑같이 작용한다. '중이 미우면 가사까지 밉다'고 말하는 일이 일어나는 것이다.

사전 준비

1. 효과적인 위치

입장을 명확히 한다

광고에서 후광 효과를 활용하는 경우에는 반드시 홍보라는 점을 명기한다. 광고인 듯 광고가 아닌 것처럼 은밀하게 침투한다는 뜻의 스텔스 마케팅은 입소문을 통해 자연스럽게 브랜드를 알리는 마케팅 기법이다. 이 방법으로 홍보할 때에는 연예인 개인의 의견인 것처럼 가장해 사람들을 속였다는 비난을 받지 않도록 주의해야 한다.

2. 적절한 인물

대상자가 누구인지 검토한다

후광이 되어줄 사람을 찾는 것이 첫 단계이다. 유명인이나 전문가, 외곬으로 ○○년간 걸어온 노포 등이 그 대상이 될 수 있다. 대상자의 인지도, 학술적 뒷받침, 역사까지 세밀히 검토해 후광이 될 수 있는지의 여부를 확인한다.

3. 준비 자세

잘 보이기 위해 노력한다

금수저로 태어나 부모의 후광을 자신에게 유리하게 이용하는 경우, 후광이 되어주는 부모에게만 의지하는 데에는 한계가 있다. 부모에게만 의지하지 않고 자신의 재능을 보이기 위해 외모뿐 아니라 내면까지 갈고닦아야 한다.

4. 적합한 장소

상대의 위치를 확인한다

아무리 후광 효과를 구사해도 나를 봐줄 상대가 존재하지 않는다면 별 의미가 없다. SNS든 광고든 한 사람이라도 더 많이 나를 볼 수 있는 장소를 찾아 후광 효과 테크닉을 사용한다.

Let's Start! 실천하기 위한 과정 ···○

목표 자사의 평범한 상품을 인기 상품으로 만든다.

1. 상품을 준비한다

후광 효과 테크닉을 활용하여 잘 보이고 싶은 상품을 준비한다.

2. 누구를 목표 대상으로 할지 정한다

그 상품을 구매하는 사람은 어떤 사람일까? 목표 대상을 좁힌다.

후광 효과 테크닉

3. 후광 효과를 가진 사람을 찾는다

그 상품을 더욱 돋보이게 만들어 줄 인물을 찾는다. 목표 대상으로 생각하는 사람들에게 인기가 좋은 연예인, 상품의 신뢰성을 높여줄 전문가 등을 다방면으로 검토한다.

☞ POINT

호감도가 낮은 인물은 피한다.
예) 자주 스캔들을 일으키는 연예인 등

4. SNS로 확산 시킨다

온라인에서 강력한 영향력을 가진 사람에게 추천을 받는다. 그 사람의 SNS 계정을 통해 상품을 실제로 사용하는 모습을 노출하거나 사용 후기를 올려도 좋다.

☞ POINT

사람들이 스텔스 마케팅으로 오해하지 않도록 홍보 영상임을 명기한다.

5. 전문가의 감수를 받는다

관련 분야의 전문가로 불리는 사람에게 감수를 부탁하고 기사나 광고에 활용하는 것도 좋다. 소비자에게 '전문가가 말했으니 틀림없다'는 인식을 심어준다.

6. 상을 받고 뉴스가 된다

디자인이나 기능에 대하여 상을 받고 판매 1위를 차지하는 등 타인의 평가도 후광 효과가 될 수 있다. 언론에 보도자료를 배포하여 뉴스로 알린다.

7. 나 또한 후광이 될 수 있다

친한 지인의 추천도 후광 효과가 될 수 있다. 개인이 SNS에서 제품을 추천하는 일은 흔하다.

8. 드디어 히트 상품이 되다

후광 효과 테크닉이 큰 성공을 거둔다. 단, 후광 효과를 위한 노하우를 무리하게 남발하면 '블로거들을 이용하는 것 같아. 의심쩍어'라는 인식이 생겨 역효과를 초래할 수도 있다.

후광 효과 테크닉
광고에 인기 스타를 내세우는 이유

'연합의 법칙'이 작용하기 때문이다

연예인이 어떤 상품을 손에 들고 활짝 웃으면 단지 그것만으로도 후광 효과가 생긴다. 왜 그럴까? '유명인이 손에 들고, 그 상품에 대해 이야기하는 것'만으로도 '연합의 법칙'이라고 불리는 인간 심리가 작용하여 상품과 사람이 상당히 관련성이 있는 것처럼 여겨지기 때문이다.

스캔들을 일으키면 퇴출!

후광 효과는 부정적인 이미지에도 똑같이 작용한다. 인기 연예인이 불륜 스캔들이나 마약 문제 등으로 문제를 일으키면, 광고 중인 상품의 모델 계약이 파기되는 것도 그러한 이유 때문이다. 문제가 생겼을 때 대응을 잘못하면 광고 중인 상품뿐 아니라 그 상품을 제조하는 기업의 이미지까지 나빠지는 양날의 검이기도 하다.

후광 효과 테크닉
인사평가에서 발생하는 인지 부조화

재능을 확대해석한다

한 회사에서 경력사원을 뽑을 때 입사지원서에 '영어와 중국어에 능통'하다고 본인을 소개한 지원자를 채용했다. 회사는 그가 세계를 무대로 활약할 수 있는 인재로 기대했지만, 실제로는 '문장만 조금 읽을 줄 알고 회화는 전혀 못하는' 수준이었다. 지원자가 본인의 재능을 확대해석하여 생긴 일이다.

과거 경력은 좋았지만 현재는 아닐 수 있다

일류 대학을 졸업하고, 대기업에서 근무했던 화려한 스펙이 그 사람의 인품이나 업무 실적으로 이어지는 것은 아니다. 하지만 '일류 대기업에서 일했다니 분명 우수한 인재일 것'이라는 후광 효과의 영향으로 믿고 채용했다가 실망으로 끝나는 비극도 흔하다.

눈에 띄는 사람을 평가한다

큰 목소리로 말하고 대담하게 행동하는 소위 '목소리 큰 사람'은 눈에 잘 띈다. '행동력이 있다'며 인격 자체를 높게 평가하기도 하는데, 그런 식으로만 직원을 평가하는 조직은 언젠가 기울기 마련이다. 묵묵히 노력하여 성과를 올리는 부지런한 사람이 묻히기 때문이다.

한 가지 특징으로 그 사람을 판단한다

'저 사람은 ○○출신이라 무능하다', '이전 직장 3개월 만에 그만두었다니 참을성이라고는 없나보다' 등 어떤 특징 하나만을 가지고 그 사람의 모든 것을 부정하게 되는 역후광 효과도 일상 속에서 흔히 일어난다. 그 사람의 재능을 바르게 판단하지 못해 제대로 활용하지 못한다.

미완성 효과 테크닉

♥ Zeigarnik effect Technique

완수하지 못한 일이 찝찝해 자꾸 신경 쓰이는 인간 심리를 거꾸로 이용한다

> **기본 내용**
>
> 말끔하게 끝낸 일보다 달성하지 못한 일이 자꾸 신경 쓰여 계속 기억에 남는 미완성 효과를 처음 제창한 사람은 러시아의 심리학자 블루마 자이가르닉(Bluma Zeigarnik)이다. 자이가르닉은 이를 실험을 통해 미완성 효과의 결과를 도출했다. 그래서 자이가르닉 효과라고도 불린다.
>
> 사람들을 두 그룹으로 나누어 여러 가지 업무를 맡긴다. 한쪽 그룹은 일이 끝나지 않은 상태에서 업무를 중단시킨 채 다음 업무를 지시한다. 다른 그룹은 진행 중인 업무를 완벽하게 끝낸 뒤에 다음 업무를 지시한다. 모든 업무가 끝난 뒤 업무 숙련도를 조사하니, 업무를 도중에 중단시킨 그룹의 사람들이 2배나 더 그 내용을 잘 기억하고 있었다. 일을 도중에 중단시켰던 것이 계속 신경 쓰였던 결과이다.

사전 준비

1. 필요한 도구

관심을 이끌어낸다

소설이나 드라마를 제작할 때는 이야기를 중단시킬 포인트를 어디로 정할지 고심한다. 어느 부분에서 이야기를 중단시켜야 독자나 시청자가 다음 이야기를 궁금해할지 검토하는 것이다.

2. 준비 자세

무엇이 하고 싶은지 생각한다

나를 위해 미완성 효과 테크닉을 활용하기 위해서는 내가 어떤 일을 효율적으로 끝내고 싶은지 생각하는 것이 중요하다. 이를테면 일하는 중 어정쩡한 시점에서 휴식을 취하는 것이다.

3. 적정한 시간

여유를 가진다

시간에 쫓겨 서둘러야 할 때, 궁지에 몰려 있을 때는 일을 중단할 수 없다. 미완성 효과 테크닉은 바쁠 때가 아닌 시간적인 여유가 있을 때 사용하는 것이 효과적이다.

4. 적절한 방법

자신을 보게 한다

다른 사람에게 미완성 효과 테크닉을 사용하는 경우, 사람들의 시선이 나로 향하게 할 접점을 만들어야 한다. 직접 만나지 않고도 인터넷이나 우편을 이용해 연락하는 방법도 있다.

Let's Start! 실천하기 위한 과정

목표 미완성 효과 테크닉을 사용한 프레젠테이션으로 프로젝트를 따낸다.

1. 프레젠테이션을 준비한다

미완성 효과 테크닉에만 기대한 채 정작 프레젠테이션 내용이 충실하지 않으면 의미가 없다. 모든 방면으로 철저하게 준비한다.

2. 상대 회사를 방문하여 프레젠테이션을 한다

상대 회사를 방문하여 프레젠테이션을 시작한다

3. 긴장한 모습을 보인다

굳은 표정이나 자세, 어색한 인사 등 자신이 얼마나 긴장해 있는지를 적당히 보여준다.

👉 POINT

시선이 이리저리 흔들리거나 과도하게 안절부절못하면 좋지 않은 이미지를 줄 수 있다. 긴장감은 적당히 어필하는 것이 좋다.

4. 말실수를 한다

프레젠테이션 중간에 작은 실수들을 한다. 일부러 말실수를 하고 곧바로 바로잡자. 이런 작은 실수는 고객에게 미완성 효과 테크닉을 발휘하여 '신경 쓰는' 계기가 된다.

👉 POINT

청중들은 막힘없이 술술 흘러가는 프레젠테이션을 오히려 흘려듣게 된다.

5. 실수를 하면서도 열의는 전달한다

말이 막히거나 말실수를 하는 중에도 고객에 대한 열의는 최대한으로 어필한다.

6. 길어지면 중간에 휴식 시간을 가진다

장시간 프레젠테이션을 해야 하는 경우 무리하여 이어가기보다 도중에 휴식 시간을 가지는 것이 좋다.

7. 열의를 전하고 회사로 돌아온다

프레젠테이션이 끝났다면 그날 사용한 자료를 건네며 "긍정적으로 검토해 주십시오"라고 말하고 회사로 돌아온다.

8. 무사히 프로젝트를 따낸다

서툰 프레젠테이션으로 제안하는 내용이 신경 쓰였던 고객은 반전으로 완벽하게 정리된 자료를 보고 감격한다. '매우 좋다!'고 평가하고 일을 맡긴다.

미완성 효과 테크닉

연애에도 효과 만점

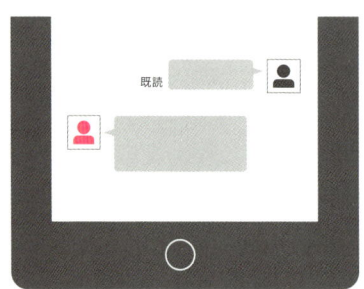

이메일이나 메시지 답장은 천천히 보낸다

좋아하는 사람에게 이메일이나 메시지를 받으면 기쁜 마음에 즉시 회신하고 싶어진다. 이때 참고 회신하는 시간을 조금 늦추면 상대는 '혹시 나를 싫어하나?', '내게 별 관심이 없나?'라는 생각을 하게 된다. 상대에게 내가 신경 쓰이는 존재가 되는 간단한 방법이다. 그렇다고 해서 지나치게 늦게 회신하거나 너무 남발하지 않도록 주의해야 한다.

좋은 느낌일 때 데이트를 빨리 끝낸다

사귈지 말지 확실히 결정하기 전 미묘한 단계에서 '좀 더 함께 있고 싶다'는 생각이 들 때 아쉬움을 남기고 헤어진다. 한창 분위기가 좋을 때 데이트를 일찍 끝내면 상대는 헤어짐을 아쉬워하게 된다. 상대에게 강한 인상을 남기는 방법으로 상대는 내가 신경 쓰여 다시 만나자고 연락해올 가능성이 크다.

상대가 원하는 대로 움직이지 않는다

상대가 하는 말을 무엇이든 들어주면 상대는 나를 '당연히 그러는 사람'이라는 식으로 생각한다. 상대에게는 내가 크게 인상적인 사람이 아니게 되고 결국 매너리즘에 빠진다. 적당히 자신을 지키며 상대의 말을 너무 들어주지 않는 것이 나에 대한 마음을 설레게 하는 데 더욱 효과적이다.

미완성 효과 테크닉
주변에서 흔히 볼 수 있는 사례

전자책의 미리보기

전자책으로 나오는 만화는 종이로 출간되는 단행본에 비해 1권당 분량이 적고 값싸다. 무료 미리보기로 일부 내용을 공개하고 중요한 장면에서 중단하여 추가 구매를 유도하는 수법은 거의 모든 매체에서 이용되고 있다. 이후 이야기가 자꾸 신경 쓰이는 독자는 결국 그 콘텐츠를 구매하게 된다.

광고와 드라마

방송국의 예능 프로그램에서는 '다음 장면은 광고 후 이어집니다!'라는 말과 함께 중단하고, 드라마는 극적인 장면에서 중단하여 이어질 장면이나 다음 화를 기대하게 만드는 미완성 효과 테크닉을 자주 사용하고 있다.

이루어지지 않은 사랑

과거 순조롭게 끝난 연애 상대의 얼굴이나 이름은 잘 기억나지 않지만, 가슴 아팠던 실연은 세월이 아무리 흘러도 기억에 남는다. 이것도 미완성 효과다. 자신이 의도하지 않은 데서 중단되었기 때문에 내내 신경 쓰이는 것이다.

전철 안에서의 대화

출근길 전철 안에서 우연히 듣게 되는 모르는 사람의 대화가 흥미로울 때가 있다. 귀를 쫑긋 세우고 좀 더 듣고 싶지만 내려야 하는 역에 도착하면 아쉬움을 뒤로 하고 하차한다. '그 뒤에 어떻게 됐을까?' 길을 걸으면서도 계속해서 상상의 나래를 펼치고 회사에 도착하자마자 동료에게 이야기한다. 이것도 미완성 효과 테크닉이다.

심리조작 테크닉
9

칼리굴라 효과 테크닉

♥ Caligula effect Technique

'안 된다!'고 하면 반발심에 더 하고 싶어지는 심리적 저항심을 이용한다

기본 내용

칼리굴라 효과라는 명칭은 1980년 미국-이탈리아 합작 영화《칼리굴라》에서 유래했다. 칼리굴라 황제의 생애를 그린 영화인데 과격한 내용으로 인해 일부 지역에서는 상영이 금지되었다. 상영 금지는 오히려 사람들의 궁금증을 자극시켰고 그럴수록 영화는 더 크게 화제가 되었다.

《칼리굴라》가 심리학 용어는 아니다. '보지 말라고 하면 더 보고 싶어지는 심리적 현상'을 일컫는 말이다. 사람은 자신의 행동이 강제적으로 금지 당하면 무의식중에 반발하고 싶어지는 심리가 작용한다.

사전 준비

1. 준비 자세

감출 내용을 결정한다

보이려는 목표 대상을 정하고 대상에게 무엇을 감추어야 할지도 생각한다. 희소성, 전문성, 자극성, 화제성 등 목표로 정한 대상이 무엇에 흥미가 있는지를 검토한다.

2. 필요한 도구

무엇을 어필할지 생각한다

'보지 말라고 할수록 더 보고 싶어지는' 것을 준비한다. 그것이 너무 시시하면 '괜히 봤다'는 부정적인 평가로 이어질 수 있으니 질적으로 좋은 것이어야 한다.

3. 적절한 장소

실생활, 온라인상에서도 활용한다

목표 상대에게 잘 전달될 매체를 엄선한다. 언론 매체를 통해 대대적으로 광고하거나 인터넷에서 화제가 되는 PR 외에 노상에서 홍보하는 방법도 사용할 수 있다.

4. 여러 가지 금지 방법

제한할 방법을 정한다

영화 《칼리굴라》는 상영 금지하는 처분으로 사람들이 보는 것을 제한시켰다. '관람 금지', '연령 제한', '인원수 제한', '시간 제한' 등 다양한 방법을 찾아 검토한 뒤 어떤 식으로 제한할 것인지 자유롭게 정한다.

Let's Start! 실천하기 위한 과정

| 목표 | 회사에서 주최하는 박람회에 참여할 기업이 많지 않은 상황, 참여 기업을 늘린다. |

1. 회사가 위기를 맞았다

박람회에 참여할 기업을 유치하지 못해 어려운 상황이다. 이대로는 이벤트의 존속조차 위태롭다.

텅 비었어 위기야!

2. 회사로부터 할당량을 받았다

'30개 기업을 유치하라'는 상사의 명령이 떨어졌다. 10개 기업을 참여시키는 것도 힘든 마당인데 어쩌면 좋을지 고민이다.

3. 칼리굴라 효과 테크닉으로 대응한다

'힘들어, 그냥 회사를 그만둬야 하나'라며 이직을 생각하고 있을 즈음 만난 학교 선배가 '칼리굴라 효과 테크닉을 사용해보라'고 조언했다.

4. '한정'이라는 말을 앞세워 다이렉트 메일을 발송한다

과거 박람회에 참여했던 기업에게 다이렉트 메일을 보낸다. '귀사에서 주최하는 박람회가 좋은 평가를 받아 올해에는 규모를 확대했습니다. 30개 회사로 한정하며 이전에 참여했던 기업을 우선적으로 초대합니다'라는 내용이다.

5. 30개 회사를 모두 채웠다!

'그렇게 인기가 있는가', '한정이라니 서두르지 않으면 기회를 놓친다'며 신청이 쇄도한다. 순식간에 전시회장이 가득 찼다.

6. 참여 기업을 추가로 받을 수 있을까!?

그 기세를 몰아 '많은 요청에 의해 특별히 20곳의 신청을 추가로 받습니다!'라는 다이렉트 메일을 보낸다.

👉 POINT

이 같은 상황을 예측하고 처음에 참여 기업을 다소 적게 모집하는 방법도 있다.

칼리굴라 효과 테크닉 93

7. 추가 신청분도 채운다

추가로 신청을 받자. '이번엔 절대 놓치지 않겠다'는 기업의 요청이 쇄도하여 순식간에 채워졌다.

8. 박람회 참여 희망자가 속출한다

그날 분주한 모습을 본 다른 회사에서도 출전을 신청하러 찾아온다. '박람회에 출전하기 위해서는 어떻게 하면 좋은가?'라는 문의가 쏟아진다.

👉 POINT

신청이 완료된 후 '많은 분들이 전시회 출전을 희망하셨지만 모든 신청을 받지 못해 죄송합니다'라는 내용의 단체 메일을 보내면 신빙성을 높일 수 있다.

9. 상황 역전으로 인기 이벤트가 된다

'다음에는 100개 회사를 목표로 하자'는 목소리가 들리고 새로운 개최 장소를 찾는 등 즐거운 고민이 생긴다.

성공에 이르는 포인트

❶ 제한하는 이유를 덧붙인다

이유가 있으면 누구나 쉽게 수긍한다. '희망자가 많아서', '의욕이 있는 사람만 오길 바라서' 등등의 이유를 덧붙인다.

❷ 내용은 충실해야 한다

흥미나 관심이 높은 상태에서 찾아오는 것이므로 내용이 시시하면 실망도 크다. 질적으로 우수하도록 신경 쓴다.

❸ 악플이 달리지 않도록 균형을 유지한다

제한이 과하면 그것이 원인이 되어 비난받고 신뢰도 잃는다. 인터넷에 악플이 달리지 않도록 언어선별에 유의한다.

칼리굴라 효과 테크닉
광고에 자주 사용되는 다양한 광고 문구

광고계에서는 사람들의 흥미를 끌기 위해 칼리굴라 효과 테크닉을 자주 사용한다. 지하철 광고나 영화 예고편, 혹은 TV 광고에 이르기까지 '어떤 제한을 사용하고 있는가?'하는 시점으로 관찰하면 새로운 것들을 발견할 수 있다.

[악용은 금지!]
결코 ○○하지 말아주세요!

[경고!]
○○는 사지 마세요!

[○○의 수수께끼]
심장이 약한 사람은 절대 보지 마세요!

[진실의 ○○!]
△△한 사람은 읽지 마세요.

[○○의 비밀♡]
△△는 보지 말 것!
비밀의 ○○를 가르쳐드릴게요.
금단의 ○○ 대공개!

[열람 주의!]
○○만이 알고 있는 △△의 진실!!

윈저 효과 테크닉

♥ Windsor effect Technique

당사자가 아닌 제3자를 통해 들은 이야기가 더 큰 효과를 발휘한다

기본 내용

원저 효과라는 명칭은 알린 로마노네스(Aline Romanones)의 미스터리 소설 《The Spy Went Dancing》에서 유래했다.

상사가 내 얼굴을 보며 직접 '당신을 높이 평가한다'고 말하는 것보다 동료를 통해 "당신의 상사가 '○○씨는 장래가 촉망되는 사원'이라고 말하는 것을 들었다"고 전달받으면 더 신뢰성 있게 들리는 심리작용을 '원저 효과'라고 말한다. 알린 로마노네스의 소설 《The Spy Went Dancing》에 등장하는 원저 공작부인이 '제3자를 칭찬하는 말이 그 어떤 것보다 효과가 크다'고 한 말에서 유래했다. 원저 효과를 이용하여 당사자가 없는 곳에서 그 사람을 칭찬하면 그 칭찬의 효과는 더욱 높아진다.

사전 준비

1. 타인의 도움

협력자를 찾는다

그 사람이 없는 곳에서 칭찬해도 그것이 본인 귀에 들어가지 않는다면 헛수고가 되는 것이 윈저 효과의 약점이다. 이해관계 없이 자연스럽게 당사자에게 칭찬의 말을 전해줄 협력자를 찾는다.

2. 목표 상대

칭찬하고 싶은 사람은 누구인지 정한다

칭찬을 통해 격려하고 싶은 대상, 자신감을 가졌으면 하는 상대를 선정한다. 직접 응원의 목소리를 전하고 싶겠지만, 윈저 효과를 기대하며 일단은 참는다.

3. 적절한 타이밍

칭찬받을 일을 했다면 즉시 칭찬한다

아무 일도 하지 않았는데 느닷없이 칭찬하는 것은 신뢰성이 떨어진다. 칭찬하는 대상인 부하직원이 어떤 성과를 냈을 때 그 타이밍에 맞춰 윈저 효과를 활용하는 것이 좋다.

4. 칭찬할 소재

과정을 칭찬한다

무엇이든 칭찬하는 것은 좋다. 하지만 결과만 칭찬하는 것은 누구나 할 수 있는 일이다. 따라서 업무 처리 과정이나 노력하는 자세를 칭찬하면 더 효과적이다.

Let's Start! 실천하기 위한 과정

목표 의욕이라고는 찾아볼 수 없는 무기력한 부하직원을 효과적으로 칭찬하여 유능한 비즈니스맨으로 변신시킨다.

1. 무기력한 부하직원 때문에 고민이다

패기나 의욕이라고는 찾아볼 수 없는 무기력한 부하직원. 이대로는 누구도 그를 좋게 평가하지 않을 것만 같다. 상사로서 부하직원을 위해 이 문제를 해결하고 싶다.

2. 일단 칭찬해본다

질책이나 격려로는 조금도 개선되지 않는 부하직원의 모습을 보고 어쩌면 칭찬으로 성장하는 타입일지 모른다는 생각으로 칭찬해보았지만 별다른 효과가 없다.

윈저 효과 테크닉

3. 칭찬을 계속 한다

부하직원이 간만에 업무에서 성과를 올렸다. 상사로서 마땅히 칭찬했지만 특별히 기뻐하는 모습이 보이지 않는다. 오히려 칭찬한 상사가 의기소침해졌다.

4. 협력자를 찾는다

'제3자를 통해 칭찬의 말을 전해들으면 보다 효과적'이라는 윈저 효과에 대한 이야기를 듣고 친한 후배에게 도움을 청했다.

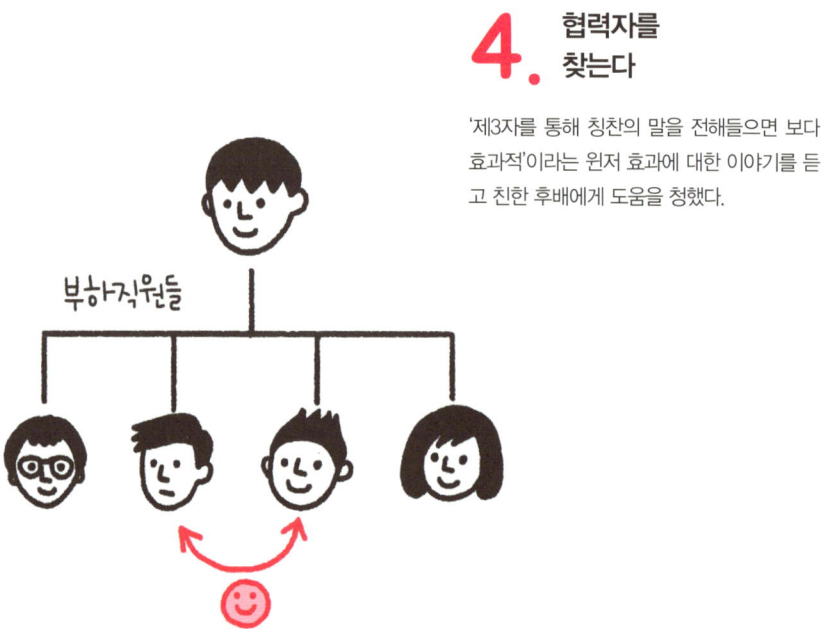

5. 후배를 통해 칭찬의 말을 전한다

후배는 부하직원에게 "○○씨가 당신의 노력을 칭찬하던데. 꽤 열심히 일한다며?"라며 은연중에 칭찬의 말을 건넨다. 이 말을 전해들은 부하직원의 얼굴이 밝아졌다.

6. 편승 효과까지 노린다

여기서 두 명의 협력자를 더 구해 "나도 그 얘기 들었어"라는 말로 부서 전체에 그를 평가하고 칭찬하는 분위기를 조성한다. 편승 효과는 밴드왜건 효과(Bandwagon Effect)라고도 불린다. 이는 서커스나 퍼레이드의 가장 앞에서 행렬을 선도하는 밴드왜건에서 유래했다.

> **POINT**
>
> 많은 사람이 이구동성으로 말하면 같은 의견을 갖는 사람이 증가하는 효과를 얻을 수 있는데, 이를 편승 효과(밴드왜건 효과)라고 한다.

7. 부하직원이 의욕을 불태운다

부하직원이 이전보다 의욕적인 태도로 일한다.

8. 적절한 타이밍에 칭찬한다

"여전히 열심히 잘 하고 있군! 기대하고 있을게"라며 그에게 직접 칭찬한다.

9. 한층 의욕을 불태운다

직접 칭찬함으로써 부하직원에게 진심이 전해졌다. 부하직원은 점차 의욕적인 비즈니스맨으로 변모한다.

성공에 이르는 포인트

① 협력자를 끌어들인다

아무리 보이지 않는 곳에서 칭찬해도 정작 본인의 귀에 그 얘기가 들어가지 않는다면 아무 의미가 없다. 그리고 칭찬이 왜곡되어 전해지면 오히려 역효과를 초래한다. 협력자를 통해 칭찬의 말이 올바르게 전해지도록 한다.

② 과정을 칭찬한다

결과가 아닌 과정에 대하여 칭찬하면 본인이 쏟은 노력에 대하여 칭찬받은 것이 의욕으로 이어진다. 그저 말을 전달하는 데에만 그치지 말고 그 이후의 효과까지 생각하며 칭찬한다.

③ 여러 사람을 통해 전한다

칭찬하는 말을 여러 사람을 통해 듣게 된다면 더욱 신빙성을 높일 수 있다. 두 사람 정도에게 도움을 청해 칭찬의 말이 전해지도록 하면 좋다.

윈저 효과 테크닉

올바른 입소문 효과의 취급 방법

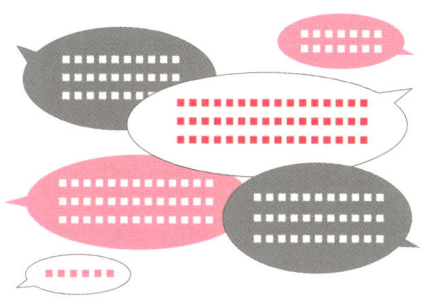

칭찬의 말은 가능한 한 많이 게재한다

한 사람이 칭찬하는 것보다 백 명이 칭찬할 때 신빙성은 더 높아진다. '이렇게나 많은 사람이 하는 말이라면 진짜겠지'라고 생각할 수 있도록 칭찬의 말은 가능한 한 많이 게재한다.

진심으로 칭찬하는 것임을 보여준다

'누가 말했는가?'는 신빙성을 좌우하는 중요한 포인트다. 'Y씨'라고 말하기보다 'ㅇㅇ씨'라고 구체적으로 칭찬한 사람의 정보를 준다. 여기에 얼굴 사진까지 있다면 더욱 믿음직한 정보가 된다.

목소리를 선별한다

칭찬하는 말만을 남발하면 오히려 수상쩍다는 인상을 안겨준다. 따라서 심하게 비난하는 의견도 게재하고 과도한 칭찬의 말은 간결하게 발췌한다.

자기개시
테크닉

♥ Self disclosure Technique

자신의 정보를 있는 그대로 전하고
상대에게 원하는 반응을 이끌어낸다

기본 내용

　자기개시란 대화를 통해 자신의 정보를 타인에게 전하는 것을 말한다. 이 심리학 이론을 처음 제창한 사람은 임상심리학자 시드니 쥬라드(Sydney Jourard)다.

　자기개시 테크닉에서 가장 중요한 포인트는 상대에게 거짓 없이 진솔하게 자신에 대하여 이야기하는 것이다. 상대에게 좋은 인상을 주기 위해 작위적으로 말하는 '자기제시(Self-presentation)'와 구분하자.

　자기개시로 주고받은 내용이 원래는 친밀도가 어느 정도 형성되었을 때 나눌 법한 내용인데 아직 친밀하지 않은 상태에서 상대방의 정보를 들은 당사자는 스스로도 상대에게 자기개시하고 싶어지는 마음이 든다. 자기개시 테크닉은 이런 반보성의 원리가 작용해 상대에게 친근감을 주거나 호의나 신뢰감을 안겨줄 수 있다.

> 사전 준비

1. 효과적인 태도

나는 어떤 사람일까 파악한다

나에 대해서는 스스로가 가장 잘 알고 있다고 생각하겠지만 사실 사람들은 자신에 대해 잘 알지 못한다. 구직활동을 할 때 '자기분석'에서 발목이 잡히는 사람도 많다. 상대와 대화를 나누기 전 나는 어떤 사람인지 스스로를 돌아본다.

2. 올바른 언행

말해서 안 되는 것을 구분한다

아무리 자기개시라도 말해서는 안 되는 내용도 있다. 잘못 말하면 상식을 의심받거나 자신이나 소속되어 있는 조직이 의혹을 받기도 한다. 말해서는 안 될 내용도 알아둔다.

3. 필요한 도구

화제가 될 만한 것을 소지한다

자신이 대화에 서툰 사람이라는 생각이 든다면 필기도구나 넥타이 등 자신이 좋아하는 소품을 몸에 지니고 가면 좋다. 그것이 상대와 공통된 취향일 경우 화제에 올리기도 쉽다.

4. 옷차림

T·P·O에 맞춰 입는다

사람은 대화만으로 상대를 판단하지 않는다. 외모에서 풍기는 인상은 마음의 문은 열기도 하고 닫기도 한다. 누군가를 만날 때에는 T·P·O나 만나는 대상에 걸맞은 옷차림을 한다.

Let's Start! 실천하기 위한 과정

목표 거래처의 속사정을 은근슬쩍 알아내 신뢰와 정보를 얻는다.

1. 상사의 명령을 받는다

상사가 '이번에 자네가 담당하게 될 고객은 꽤 쩨쩨한 거 같아. 무슨 속사정이 있는지 좀 조사해봐!'라는 명령을 내렸다.

2. 어쩌면 좋을지 난감하다

'처음 만난 사람의 속사정을 어떻게 알아내라는 거지?'라는 생각에 마음이 불안하다. 그때 자기개시 테크닉을 떠올린다.

3. 일단 인사하러 간다

일단 만나는 것부터 한다. 미리 약속하고 인사하러 간다.

4. 자기개시를 시작한다

먼저 거짓 없는 나의 모습을 보여준다. "처음 뵙는 것이라 좀 긴장이 됩니다. 이쪽 업계 일을 열심히 배우고 있는 중입니다"라고 인사한다.

☞ POINT

이제부터 라포를 형성한다. 라포(Rapport)란 '서로의 마음이 통하는 상태'를 가리키는 심리학 용어다.

5. 상대가 묻는다

상대는 "입사한 지 얼마나 됐습니까?", "이쪽 업계는 처음이에요?"같은 질문으로 시작해 "당신네 회사는 좀 비싸다는데 정말 그런가요?"라는 직접적인 질문을 해온다.

6. 거짓 없이 솔직히 대답한다

어떤 질문이든 성실히 대답하는 것이 중요하다. 만남의 목적이 상대의 속사정을 파악하는 것이므로 예산 등 돈에 얽힌 화제도 되도록 솔직하게 대응한다.

👉 POINT

여기서 상대에게 잘 보이기 위해 거짓말을 하면 안 된다. 거짓말은 곧 들통나 자기개시는 실패하고 경계심만 갖게 만든다.

7. 상대도 자기개시를 한다

먼저 자기개시를 하면 상대에게 '저쪽이 솔직히 이야기했는데 나는 솔직히 말하지 않으면 미안하다'는 심리가 작용하여 상대도 자신의 속사정을 비롯하여 여러 가지 이야기를 들려준다.

자기개시 테크닉

8. 자기개시의 범위를 넓힌다

개인적인 취미나 출신지 등 화제를 넓혀가며 점차 자기개시를 한다.

9. 상대도 자기개시를 한다

취미 이야기가 화제에 오르면 상대도 '사실 저도 예전에 밴드활동을 했어요'라며 말한다. 대화가 의도한대로 흘러가고 있다.

10. 인지 부조화를 해소하기 위해 마음이 움직인다

상대는 점차 '자신이 이처럼 솔직히 이야기하고 있는 것은 이 신입 사원이 몹시 마음에 들기 때문'이라고 믿기 시작한다. '인지 부조화의 해소' 단계이다. 회사의 내부 사정에 대해서도 기대 이상의 이야기를 들을 수 있다.

POINT

인지 부조화의 해소란 마음속에 있는 모순을 해소하기 위해 일어나는 심리 작용을 말한다.

11. 인사하고 돌아온다

속사정을 들었다면 이야기를 마무리하고 회사로 돌아온다.

12. 고객의 마음에 신뢰가 싹튼다

많은 자기개시를 함으로써 상대의 마음속에는 '이 사람은 신뢰할 수 있다'는 믿음이 싹튼다.

자기개시 테크닉
때때로 자기중심적일 필요가 있는 이유

상대의 마음에 들려고 무리하지 않는다

누군가를 만났을 때 상대에게 좋은 인상을 주어야 한다는 강박에 나답지 않은 화젯거리를 대화의 소재로 삼거나, 시종일관 억지웃음을 지어야한다면 누군가를 만나는 것 자체가 몹시 피로할 것이다. 이럴 때는 자기개시로 신뢰 관계를 만들어보자. 커뮤니케이션은 상대와 주고받으면서 더욱 깊어지는 법이다. 혼자서만 노력한다고 되는 것이 아니다.

나답게 대화를 나눈다

나의 개성이 느껴지도록 대화하거나 대화하는 자리의 분위기를 좋게 만드는 것이 최고의 자기개시다. 긴장을 풀고 나다운 커뮤니케이션을 다짐하는 것도 자기개시 테크닉 중 하나다.

자기개시 테크닉
성공하기 위한 테크닉

화제는 이렇게 넓혀간다

자신에 대하여 이야기할 때에는 주제를 끊어서 정보만 전달하듯 말하는 것보다 점차 화제를 넓혀가며 대화하는 쪽이 더 좋다. 예를 들어 골프 이야기를 할 때 "저는 골프가 취미인데, 지난주에도 필드에 나가서…"라는 식으로 이야기를 전개하는 것이 "저는 골프가 취미입니다"라고만 말하는 것보다 몇 배나 더 이야기를 확장시킬 수 있다. 상대도 편안하게 이야기에 참여시키는 효과도 있어 상대 또한 나에게 더 많은 이야기를 들려줄 것이다.

주변 화젯거리부터 시작한다

어떤 이야기부터 하면 좋을지 모른다면 먼저 주변의 흔한 화젯거리부터 시작한다. 이를테면 고향 이야기를 하는 것이다. "나는 마산이 고향입니다. 참 멀지요?"라고 말하면 상대도 본인의 이야기로 응대하게 된다. "저도 고향이 멀답니다. 부산인걸요!"라는 식으로 대화가 이어지며 서로 더 빨리 친해지는 계기가 만들어진다. 음식이나 가족 이야기를 화제로 삼아도 좋다.

실패담을 이야기해본다

이것은 어디까지나 상급자용 테크닉이다. 자신의 실패담을 털어놓으면 상대도 안심하고 속마음을 열기 쉽다. 단, 처음 만나는 자리에서 실패 경험을 말하거나 가볍게 웃어넘길 수 없는 심각한 실수담까지 화제로 삼으면 분위기가 어색해져 그 대화의 자리가 새로운 실패담으로 추가될 것이다. 실패한 경험을 털어놓을 때에는 어떤 이야기를 할지 특별히 신중하게 고른다.

화제를 리스트로 만들어둔다

고향, 특기, 좋아하는 것, 최근에 경험한 재미있는 에피소드 등 자신이 편안하게 말할 수 있는 쉬운 화젯거리를 리스트로 미리 만들어두자. 누군가를 만날 때 그 사람과 어울리는 대화 소재를 리스트 중에서 선택하면 되니 편리하다. 긴장되는 상대를 만나도 한결 차분하게 이야기하는 데 도움이 될 것이다.

심리조작 테크닉 12

편면 제시 & 양면 제시 테크닉

♥ One sided presentation &
Two sided presentation Technique

상대에 따라 좋은 점과 나쁜 점을 제시하는 방법이 달라진다

기본 내용

　편면 제시와 양면 제시는 미국 예일대학교의 사회심리학자 칼 호블랜드(Carl Hovland)가 제창한 심리학 이론이다.
　어떤 일이든 좋은 점과 나쁜 점이 존재한다. 유명한 라면집을 예로 들면, 맛이 좋다는 좋은 점과 오랫동안 줄을 서서 기다려야 한다는 나쁜 점이 있다. 사람을 예로 들면 A군이 유능하다면 좋은 점이지만, 커뮤니케이션에 약간 안 좋은 버릇이 있다면 나쁜 점이다.
　이러한 양면성 중 좋은 점 혹은 나쁜 점만을 전하는 것이 편면 제시이고, 양쪽 모두를 전하는 것이 양면 제시이다. 비즈니스나 마케팅에서 그 효과가 검증되고 있다.

사전 준비

1. 효과적인 위치

전문가가 유리하다

전문성이 높은 분야, 안전성과 신뢰성이 요구되는 일, 다루는 금액이 큰 프로젝트 등을 만났을 경우에는 자신이 그 분야의 전문가라는 인식을 심어주어야 프로젝트가 수월하게 진행된다. 전문가라면 관련 업계의 근황까지 알려 줄 수 있을 것이다.

2. 필요한 도구

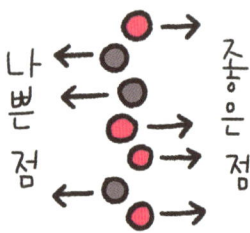

특징을 분석한다

사람에게 소개하고 싶은 것의 좋은 점과 나쁜 점을 정확히 분석하여 밝혀낸다. 특히 목표 대상에 따라서 좋은 점과 나쁜 점을 가늠하는 기준이 크게 다를 경우 더욱 신중하게 분석할 필요가 있다.

3. 편리한 도구

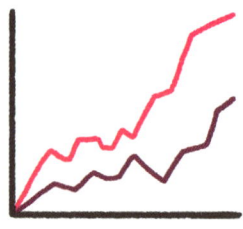

근거 데이터를 활용한다

판단기준의 근거가 되는 정확한 데이터가 있다면 상대를 좀 더 쉽게 설득시킬 수 있다. 좋은 점으로 그것을 뒷받침하는 완벽한 데이터를 준비하고 나쁜 점을 해소시키기 위한 데이터도 준비한다.

4. 상대 파악

상대는 어떤 사람인지 파악한다

편면 제시와 양면 제시는 상대의 성격이나 사고 패턴에 따라 호소력이 달라진다. 처음 만나거나 잘 모르는 상대를 설득해야 할 경우 그 사람이 어떤 성격인지 파악해둔다.

Let's Start! 실천하기 위한 과정

목표 고객의 성격에 맞게 접근하여 상품을 판매한다.

1. 판매할 상품을 준비한다

판매가 시작되면 어떤 방법으로 영업할 것인지 검토한다.

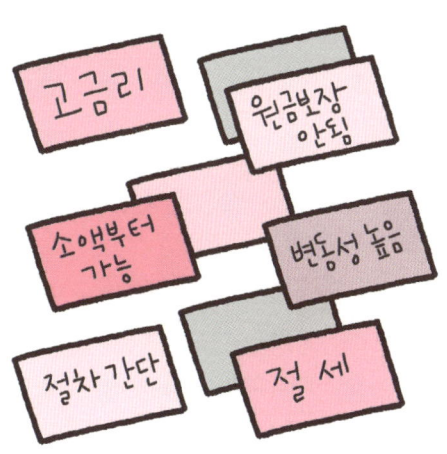

2. 상품의 특징을 확실히 이해한다

상품의 좋은 점과 나쁜 점을 정확히 알고 자신 있게 설명할 수 있을 정도로 확실히 이해한다. 필요할 때에 정확히 설명하지 못한다면 상대를 설득할 수 없다.

3. 고객의 성격을 파악한다

고객이 될 것 같은 사람의 명단을 작성하고 그들의 성격을 검토한다. 나와 친분이 있고 말이 잘 통하는 A씨와 까다로운 성격의 B씨에게 구매 의사가 있는지 알아볼 것이다.

4. 먼저 A씨에게 접근한다

행동파의 A씨는 쾌활하고 과감하게 결단하는 타입이다. 구구절절한 설명을 싫어해서 '그러니까 결론부터 말씀하세요'가 말버릇이다.

5. 편면 제시로 접근한다

A씨에게 좋은 점만을 제시하는 '편면 제시'의 접근법을 사용한다. 이해하기 쉬운 말로 좋은 점을 명확히 전달한다.

6. 계약을 따낸다

"네, 잘 알았어요. 좋아요"라는 말과 함께 순식간에 계약이 성립된다. 미처 설명하지 못한 나쁜 점은 '주의사항'으로 보완한다.

7. 이어서 B씨에게 접근한다

몹시 까다로운 성격의 B씨는 두뇌가 명석하다. 이론적으로 자신을 이해시키지 않는다면 결코 수긍하는 법이 없다. 요령 없이 설명하거나 장점만 설명해도 곧 알아차린다.

8. 양면 제시로 좋은 점부터 설명한다

B씨에게는 양면 제시로 접근한다. 먼저 좋은 점을 간결하게 말한다. 준비된 데이터를 함께 보여주면 더욱 좋다.

👉 POINT

처음에 제시한 정보가 강한 인상으로 남아 나중에 제공받은 정보에 영향을 미치는 것을 '초두 효과(Primacy effect, 첫인상 효과)'라고 한다. 이를 잘 활용하자.

9. 나쁜 점도 설명한다

이어서 나쁜 점도 설명하는 '양면 제시'를 한다. 나쁜 점을 보완할 데이터나 자료가 있다면 함께 제시한다.

10. 마지막에는 좋은 점을 이야기한다

마지막에는 좋은 점을 설명하자. '좋은 점→나쁜 점→좋은 점'이라는 3층 구조로 설명함으로써 고객은 좋은 인상을 받게 된다.

👉 POINT

최종적으로 듣는 정보가 강한 인상을 남기는 것을 '친근 효과'라고 한다.

11. B씨를 이해시킨다

양면 제시에 수긍하는 B씨. 몇 가지 의문점은 정확한 데이터를 통해 이해시켜 불안감을 없앤다.

12. 계약을 따낸다

무사히 B씨와도 계약했다. 나쁜 점도 감추지 않고 말해준 것이 오히려 신뢰로 이어졌다.

편면 제시 & 양면 제시 테크닉

구매율을 높이는 방법

아이사스(AISAS)모델을 사용하여 효과적으로 마케팅 방법을 활용한다

아이사스란 주의(Attention)→관심(Interest)→검색(Search)→구매(Action)→정보공유(Share)'로 이어지는 현대 소비자들의 구매 흐름의 첫 글자를 따서 만든 조합어이다. 덴츠(일본 최대 규모의 광고 회사_역주)사에서 아이사스 이론을 강조한 보고서를 발표하여 더욱 화제가 된 광고 용어이다. 아이사스의 흐름에 맞는 편면 제시와 양면 제시를 사용해보자.

주의(Attention)

무엇이 되었든 가장 먼저 고객의 주의를 끌지 못하면 아무것도 시작되지 않는다. 첫 단계에서는 서비스나 상품의 좋은 점을 중점적으로 편면 제시하여 소비자가 '꽤 괜찮대!'고 생각하게 만든다.

관심(Interest)

사람들의 주의를 끈 뒤에는 관심을 높일 필요가 있다. 상품이나 서비스를 이해시킬 때에는 '업무적으로 쓸모 있을 것 같다', '지금 사용 중인 것보다 편리할 것 같다'라는 느낌이 들도록 편면 제시로 좋은 점을 알린다.

검색(Search)

오늘날 사람들은 무언가에 흥미를 가지면 바로 검색하여 원하는 정보를 얻는다. 상품에 대하여 상세히 설명하는 단계에서는 편면 제시로 좋은 점만 이야기하면 소비자는 수상함을 느껴 불신감이 생기기 때문에 양면 제시를 한다.

A ▸ I ▸ S ▸ A ▸ S

구매(Action)

구매 단계는 소비자나 고객이 이미 구매 의사를 가지고 있는 상태이기 때문에 여기서 양면 제시는 큰 의미가 없다. 오히려 방해만 될 뿐이니 구매 단계에서는 좋은 점만 제시하는 편면 제시만으로도 충분하다.

정보공유(Share)

현대 소비자들은 상품을 구매한 후 트위터나 인스타그램 등 개인 SNS에 리뷰를 하고 다른 커뮤니티에도 구매 후기를 올린다. 친구나 지인은 물론 낯선 타인과도 상품 정보를 공유하는 것이다. 인터넷 시대에 없어서는 안 되는 편면 제시 방법이다.

편면 제시 & 양면 제시 테크닉
좋은 점보다 나쁜 점을 먼저 설명한다

나쁜 예

이 건강기능식품은 하루에 필요한 영양소를 모두 섭취할 수 있지만, 가격이 다소 비싸다.

좋은 예

이 건강기능식품은 가격이 다소 비싸지만, 하루에 필요한 영양소를 모두 섭취할 수 있다.

실천 사례에서의 B씨와는 반대로 단순히 생각하는 타입의 사람에게는, 처음에 나쁜 점을 먼저 말하고 마지막에 좋은 점을 설명하면 설득시키기 쉽다. 단, B씨처럼 이론을 중요시하고 위험성을 확실히 이해하지 못하면 납득하지 않는 타입에게는 좋은 점을 먼저 말하고 나쁜 점을 나중에 말하는 것이 효과적이다.

대비 효과란?

어떤 숫자를 먼저 보면 그 이후에 제시받은 숫자를 판단하는 데 걸림돌이 된다. 예를 들어 처음에 2,000만 원짜리 자동차를 먼저 보고, 그 다음에 1,800만 원짜리 자동차를 보면 비록 그것이 예산을 훌쩍 뛰어넘는 금액일지라도 '싸다'고 생각한다.

친근 효과란?

여러 가지 다양한 정보를 입수할 때 맨 마지막에 얻은 정보가 가장 좋은 것처럼 여겨지는 심리 작용이다. "어디로 여행을 가면 좋을까? 하와이? 유럽? 국내라면 경주나 진주?"라는 말을 들으면 '진주가 좋다'고 생각하는 것이다.

런천
테크닉

♥ Luncheon Technique

맛있는 식사를 하면서
이야기를 나누면 모든 게 잘 풀린다

기본 내용

　점심을 먹으면서 회의하는 점심 미팅이 있다. 도무지 내키지 않는 자리처럼 생각되지만 그 효과는 매우 놀랍다. 맛있는 음식을 먹으면서 즐거운 시간을 보내는 것은 교섭을 긍정적인 방향으로 이끌어가는 설득의 테크닉으로 런천 테크닉이라고 부른다.

　이 심리학 이론은 심리학자 그레고리 라즈란(Gregory Razran)이 제창하였다. 런천 테크닉의 메커니즘은 맛있는 식사라는 '쾌락'이 대화 내용과 연관되어 기분 좋게 느껴지는 '연합의 법칙'이 작용하는 것에 의한다. 단, 맛없는 식사를 할 때도 '연합의 법칙'이 작용하기 때문에 주의해야 한다.

사전 준비

1. 준비 자세

계산은 직접 한다

좋은 레스토랑을 선택하면 돈이 든다. 모처럼 좋은 교섭을 할 수 있어도 계산대에서 상대가 음식값을 지불한다면 의미가 없다.

2. 적합한 장소

맛집으로 선택한다

런천 테크닉에서 가장 중요한 것은 어느 레스토랑을 선택하느냐 하는 것이다. 맛은 물론이고 분위기도 '쾌락'으로 이어지는 장소를 선택한다.

3. 상대 파악1

기호를 조사한다

아무리 맛있는 음식이라도 상대가 좋아하지 않거나 알레르기로 먹을 수 없는 메뉴라면 의미가 없다. 요즘에는 채식주의자도 많기 때문에 상대의 식습관을 사전에 확인하는 게 좋다.

4. 상대 파악2

교섭 전 운을 띄운다

상대가 완전히 긴장을 풀고 있을 때 교섭을 시작하면 기분이 상할 수도 있으니 미리 운을 띄운다.

Let's Start! 실천하기 위한 과정

> **목표** 중요한 고객에게 런천 테크닉을 사용하여 좋은 관계를 유지한다.

1. 교섭 주제를 명확히 한다

지금 고객과 교섭할 주제를 분명히 한다. 주제가 흔들리면 단순히 회식이나 식사 모임으로 변질되기 때문에 주의한다.

2. 잡담에서 상대의 기호를 탐색한다

상대가 무엇을 싫어하고 좋아하는지 평소 나누는 잡담에서 미루어 짐작해본다. 도무지 알 수 없다면 직접 무엇을 좋아하고 싫어하는지, 알레르기는 있는지 물어도 좋다.

런천 테크닉

3. 함께 식사하자고 말한다

"이번 회의는 점심이라도 먹으면서 하면 어떨까요?"라고 제안해본다.

4. 장소를 찾는다

고객의 회사 근처처럼 접근성이 좋은 장소로 적당한 곳을 찾는다. 가능하면 직접 그곳을 방문하여 분위기를 확인한다.

☞ POINT

저렴하고 격식 없는 곳은 미덥지 못하고, 그렇다고 너무 고가의 레스토랑에서는 식사 매너를 신경 쓰느라 회의가 제대로 진행될 리 없다. 따라서 그 중간 쯤 되는 곳을 찾는다.

5. 날짜와 시간을 정한다

고객에게 식사할 장소와 일시를 알린다.

6. 식사하면서 그 자리의 분위기를 띄운다

회의실에서 회의하듯 대화를 이끄는 것은 의미가 없다. 식사가 시작되면 그 자리를 즐거운 분위기로 만든다.

7. 교섭도 즐겁게 한다

교섭이나 협의, 상담은 심각하지 않고 실례되지 않게 수위를 지키며 즐겁게 대화를 이어간다.

8. 고객을 배웅한다

식사를 마치면 식사비를 지불하고 예의를 다하여 상대를 배웅한다. 어디까지나 일이라는 사실을 잊어서는 안 된다.

9. 감사의 인사를 메일로 보낸다

시간을 내어 식사에 응해준 데 대하여 감사 메일을 보낸다. '말했다, 말한 적 없다'는 시비가 벌어지지 않도록 다짐을 받아두기 위한 절차다.

☞ **POINT**

식사 때 술을 곁들였다면 과음 상태에서는 메일을 쓰지 않는다.

10. 적절한 시기에 다음 식사 자리를 제안한다

화기애애한 분위기에서 교섭해야 하는 주제가 있다면 다시 점심 미팅을 제안한다.

11. 정례모임을 가진다

정기적으로 모임을 가져 고객의 즐거움과 협의를 잘 연결시킨다.

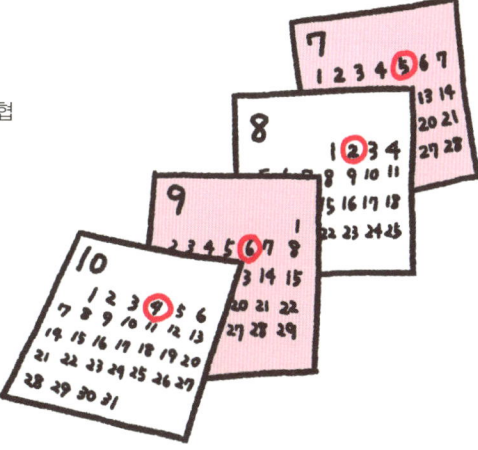

12. 좋은 관계를 유지한다

'연합의 관계'에 의해 쾌락과 협의가 연결되기에 어떤 상담이나 교섭도 마음을 열고 받아들이는 효과가 있다.

런천 테크닉
맛없는 식사는 역효과

맛있는 음식은 필수 조건

식사가 맛이 없다면 교섭이나 상담 내용에도 부정적인 인상을 가져올 수 있다. 가능하다면 자신이 먼저 레스토랑을 방문하여 맛있는 곳인지 직접 검증한다. 또한 상대방의 기호도 배려한다.

좋은 분위기도 한몫

환경이 감정을 조작할 수 있다는 심리학 이론 '필링 굿 효과(Feeling good effect)'를 이용한다. 쾌적한 장소에서 함께 시간을 보냄으로써 상대의 감정이 긍정적인 쪽으로 향할 것이다. 런천 테크닉을 사용하는 장소는 맛뿐 아니라 분위기까지 심사숙고하여 정한다.

런천 테크닉

연애에도 크게 작용한다

첫 데이트에 가장 중요한 것은 식사

아직 친하지 않은 이성에게 데이트 신청을 받으면 대개의 여성은 경계심을 가지지만 '같이 식사라도 할래요?'라는 말을 들으면 쉽게 승낙한다. 가령 사귀자는 요구에 거절당한 남성이라도 '그냥 밥이나 같이 먹자'는 말은 가볍게 할 수 있다.

도파민의 방출

연애가 시작되는 무렵에는 뇌에서 호르몬의 일종인 도파민이 대량으로 분비된다. 이 도파민은 식사 중에도 냄새나 맛에 반응하여 분비된다. '맛있을 거 같아♡', '처음 먹어봐~!' 같은 감정으로 기뻐하는 여성은 설득하기 쉬운 상태에 있다고 할 수 있다.

식사 중 다음 데이트를 신청

식사를 함께 하고 있다는 건 이미 식사 제안에 승낙한 상태다. 다음 단계로 작은 요청부터 시작해 차츰 큰 요구도 쉽게 받아들이는 심리조작 테크닉3 '풋 인 더 도어 테크닉'을 사용하여 다음에 만날 약속을 한다.

연합의 법칙

어린 시절에 좋아했던 유원지를 어른이 되어 다시 찾으면, 당시 즐거웠던 곳이지만 이제는 그다지 즐겁지 않다는 것을 알 수 있다. 이것은 유원지와 당시 즐거웠던 기억이 연합, 결합되어 있기 때문이다. 식사와 연애 사이에도 똑같은 일이 벌어진다.

심리조작 테크닉
14

단순 접촉의 효과 테크닉

♥ Effect of simple contrast Technique

자꾸자꾸 만나면 점점 좋아지는 심리적 효과를 이용한다

기본 내용

처음에는 흥미도 관심도 없던 것이라도 자꾸 반복해서 보고 들으면 점차 좋게 생각되는 것을 '단순 접촉의 효과'라고 한다. 이 심리학 이론은 미국의 사회심리학자 로버트 자이언스(Robert Zajonc)가 제창했다.

자이언스의 실험에 따르면, 사람들에게 어떤 사람의 얼굴이 담긴 사진을 반복하여 여러 차례 보여주니 그 얼굴에 대한 호감도가 점점 높아졌다. 후에 실제로 사람을 만나도 그 사람이 좋아졌다고 한다. 이 실험을 통해 '영업자는 발로 돈을 벌라'고 말하는 것도 전혀 터무니없는 말이 아니라는 것을 알 수 있다. 단, 사진을 보여주는 횟수가 10회가 넘어가면 그 효과는 현저히 떨어진다. 하염없이 호감도가 높아지는 달콤하기만 한 이론은 아니다.

사전 준비

1. 옷차림

첫인상은 좋게 심어준다

사람은 외모로 그 사람을 판단한다. 상대의 업종에 맞추는 등 TPO에 맞춰 옷차림을 하고 구두는 늘 깨끗하게 닦는다. 청결이 중요한 건 두말할 나위도 없다.

2. 적합한 인물

약속을 잡는다

여러 번 만나면 호감도가 높아진다고 해서 갑자기 방문하여 상대를 곤란하게 하면 오히려 역효과다. 호감을 심어주고 싶다면 사전에 약속을 정하고 만나러 간다.

3. 준비 자세1

만나는 이유를 만든다

상대가 시간을 내어 주었지만, 만남에 별다른 용건이 없다면 상대는 실망한다. 따라서 상대에게 유익한 화제나 서비스 등의 '선물'을 준비한다.

4. 준비 자세2

상대에 대한 정보를 복습한다

상대의 이름이나 소속 부서는 물론 가족 정보나 취미, 경력을 필요에 따라 조사해둔다. 필요할 때에 적당한 정보를 화제에 올리면 더욱 좋은 인상을 심어줄 수 있다.

Let's Start! 실천하기 위한 과정

목표 다이렉트 메일이나 영업 메일을 보지 않는 고객을 만나 계약을 따낸다.

1. 영업 방식을 돌아본다

다이렉트 메일이나 영업 메일을 고객에게 보내지만, 고객은 확인하지 않는다. 이것은 곤란한 일이 아닐 수 없다. 따라서 영업 방식을 돌아보고 직접 고객을 만나러 가는 작전으로 바꾼다.

2. 만나기 위해 약속을 잡는다

상대에게 연락하여 '꼭 한 번 인사드리고 싶다'며 만나는 날짜와 시간을 정한다.

3. 고객을 만나러 간다

약속한 일시에 만나러 간다. 고객이 어떤 일에 어려움을 겪고 어떤 일을 원하는지 듣는다.

4. 다음번 만남을 기약한다

③에서 알게 된 고객의 과제에 대한 답을 찾는다.

5. 고객과 다시 약속을 잡는다

"요전에 그 과제에 좋은 답을 찾았습니다. 그래서…"라며 상대가 흥미를 가질 화젯거리를 준비하여 다시 만날 약속을 정한다.

6. 찾아가 프레젠테이션을 한다

메일로 정보만 보내는 것이 아니라 직접 찾아가 프레젠테이션을 한다.

7. 고객에게 기쁨을 선사한다

"꽤 좋은 계획이군요"라는 칭찬의 말을 듣는다.

8. 구실을 만들어 여러 차례 만난다

'의견을 듣고 싶다', '제안할 것이 있다' 등과 같은 구실을 만들어 여러 번 만나러 간다.

9. 점차 호감도를 높인다

나에 대한 호감도를 차츰 높여간다.

☞ POINT

단, 10회가 넘어가면 효과는 크게 기대할 수 없다.

10. 계약을 따낸다

상대는 '당신은 인간적으로 신뢰할 수 있다. 계약하자'며 계약을 체결하기로 결정한다.

단순 접촉의 효과 테크닉
이런 곳에도 영향이 있다

비슷한 상품의 경우 광고를 많이 할수록 많이 팔린다

수많은 브랜드에서 출시하고 있는 맥주나 음료, 식빵, 과자…. 소비자는 특별한 것에 집착하지 않는 이상 무심코 광고로 반복해 접했던 것을 집어 든다. 이것은 단순 접촉의 효과를 보여주는 가장 흔한 사례일 것이다. 광고를 하는 이유는 다양한 매체를 통해 반복하여 노출하기 위함이다.

TV에서 자주 본 아이돌이 좋아진다

처음에는 '이 아이는 누구? 귀엽지도 않다'고 생각했던 아이돌이지만 TV에서 여러 번 반복하여 보는 동안에 왠지 좋은 감정이 싹튼다. 이것도 단순 접촉의 효과를 보여주는 사례이다. TV뿐 아니라 잡지나 광고도 이러한 심리 테크닉의 효과를 높인다.

선거에서도 자꾸 보고 듣게 되는 후보자가 좋아진다

특별히 '이 사람!'이라고 열렬히 지지하는 후보자가 없는 사람도 투표하러 가서 '익숙한 이름'에 표를 주는 경우가 많다는 사실이 밝혀졌다. 선거 유세 기간에 선거 차량이 거리에서 반복적으로 후보자의 이름을 연호하고 매일 동네 전철역 앞에서 인사하는 것도 매우 효과 있는 방법이다.

심리조작 테크닉
15

동조행동 & 반동조행동 테크닉

♥ Pacing & dispacing Technique

상대에 맞출지, 맞추지 않을지를 잘 구분하여 마음을 사로잡는다

기본 내용

동조행동과 반동조행동은 미국의 사회심리학자 솔로몬 아쉬(Solomon Eliot Asch)가 제창한 심리학 이론이다.

대인관계에서는 자신과 상대방의 말과 행동이 서로 호응한다. 그때의 행동을 상대에 맞추는 것이 '동조행동(Conforming behavior)', 맞추지 않는 것이 '반동조행동'이다. 다른 말로 페이싱(Pacing), 디스페이싱(Dispacing)이라고도 한다.

예를 들어 이야기 내용을 상대에게 맞춰주면 상대는 자신을 배려해주었다는 생각에 기분이 좋아져 좋은 관계가 만들어지게 된다. 이를 거꾸로 이용하여 '맞추지 않음'으로써 상대의 허를 찌르는 방법으로 커뮤니케이션에서 주도권을 잡을 수도 있다.

사전 준비

1. 준비 자세1

상대를 두려워하지 않는다

상대방의 행동에 일일이 휘둘리지 않는다. 내가 어떻게 행동하느냐에 따라 얼마든지 커뮤니케이션의 주도권을 잡을 수 있다는 것을 자각한다.

2. 준비 자세2

상대를 파악한다

상대가 어떤 생각을 하는지, 어떤 경우에 기분이 좋은지 등 그 사람의 패턴을 파악해둔다. 패턴을 알아두면 어떠한 경우에도 허둥대지 않을 수 있다.

3. 적합한 인물

피해자를 나의 편으로 끌어들인다

나와 같은 피해를 입은 사람이 있다면 끌어들여 함께 반동조행동으로 대응하거나 나에게 동조해주는 지원사격을 부탁한다.

4. 필요한 도구

증거를 준비한다

직장에서 동료들의 괴롭힘이나 상사로부터의 언어폭력을 당했을 때 의연한 태도로 대처하는 것이 중요한 만큼, 그에 대한 맞대응에 대비하여 '증거'를 확보해둘 필요도 있다. 증거로 녹음을 해두는 것도 도움이 된다.

Let's Start! 실천하기 위한 과정

목표 상사가 무조건 복종할 것을 강요하는 일상에서 벗어나기 위해 끊임없는 반격으로 나 자신을 지킨다.

1. 반복되는 상사의 언어폭력

"생각을 좀 해보라"고 말하기보다는 이성을 잃은 채 "멋대로 하지 매"라고 윽박지르는 상사. 부서에는 이런 상사의 언어폭력을 견디지 못하고 마음을 다쳐 휴직하는 사람까지 있을 정도이다.

2. 동조행동으로 크게 실패한다

권위적으로 윽박지르기만 하는 상사가 바라는 대로 '잠자코 따르고, 겁먹은 채 어떠한 반론도 하지 못하는' 복종 행동을 했더니 분별력을 잃은 상사의 언어폭력이 더욱 심해졌다.

3. 반동조행동으로 대응한다

'이대로는 안 된다'는 생각에 반동조행동으로 대응하기로 한다. 사전에 동료들에게도 도움을 청한다.

4. 다시 상사의 언어폭력이 시작된다

"시키는 대로 하라고 했지!"라고 또 다시 윽박지르는 상사.

5. 반동조행동으로 반격을 시작한다

"오늘 아침 부장님이 말씀하신 대로 했습니다. 무엇이 문제인지 구체적으로 말씀해 주세요"라고 복종을 강요하는 상사에 맞추지 않는 반동조행동으로 되묻는다.

6. 윽박지르기만 하던 상사가 당황한다

처음으로 반론 당한 상사는 "뭐, 뭐라고?"라고 말하며 페이스를 잃은 채 무너진다. "아, 그럼 이대로 됐어!"라며 성질을 누그러뜨린다.

7. 여전히 상사의 언어폭력이 지속되고 있다

상사가 이번에는 신입 사원에게 "왜 이런 것도 못하는 거야? 잘리고 싶어!"라며 불같이 화낸다.

8. 반동조행동으로 응원한다

언어폭력을 당하는 신입 사원을 대신하여 "부장님, 그렇게 큰 소리로 말씀하지 않아도 잘 들립니다"라며 반동조행동으로 지원사격을 한다.

9. 주변에서도 반동조행동에 동참한다

주위 사람들도 "맞습니다", "애초에 부장님이 말씀을 안 해주셨잖아요?"라며 반동조행동으로 대응한다.

☞ POINT
③에서 함께 행동해줄 것을 부탁받은 동료들이 활약하는 단계이다.

10. 상사의 언어폭력이 사라진다

"지금까지 대화를 전부 녹음해뒀습니다. 들어보실래요?"라고 상사에게 쐐기를 박는다. 이쯤되면 상사의 언어폭력은 대부분 사라진다.

녹음했습니다

목표 달성

동조행동 테크닉
동조행동이 기대되는 효과

타인에게 좋은 인상을 준다

동조행동은 결코 나쁘지 않다. 잘 사용하면 다른 사람들에게 호감을 안겨주거나 자신이 행동하기 쉬워진다. 사람은 자신에게 동조해주는 사람을 가치 있다고 느끼기 때문이다. 예를 들어 취미활동이나 업무를 할 때 상대에게 동조해주면 그는 나를 같은 편으로 의식하게 되어 동료의식이 생긴다.

타인이 나를 높게 평가한다

동조행동에 의해 '나를 이해해준다', '왠지 마음이 맞다'는 감정을 가지면 '반보성의 원리'에 의해 상대방 또한 나를 높게 평가해준다. 그것이 커뮤니티 내에서 확대되면 당신에 대한 평가는 높아진다.

회의에서 먼저 동조한다

회의 중 상대방의 의견에 반대할 때 느닷없이 "하지만 그것은…"이라고 반동조행동을 하면 상대는 좀처럼 받아들이지 않는다. 상대가 나의 말을 귀 기울여 듣지 않기 때문이다. 무조건 반동조하기보다는 '그럴 수도 있겠군요. 하지만 다르게 생각하면…'이라는 식으로 일단 동조행동으로 대응하면 수월하다.

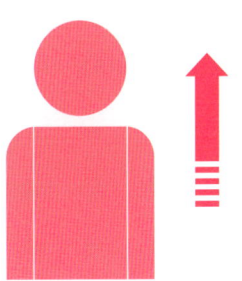

심리조작 테크닉
16

피크 엔드 법칙
테크닉

♥ Peak end rule Technique

'마무리가 중요하다'
'끝이 좋아야 모든 게 좋다'는
말은 진리다

> **기본 내용**
>
> 피크(Peak)는 어떤 일의 절정을, 엔드(End)는 결말을 의미한다. 피크 엔드 법칙이란, 사람은 과거의 경험을 절정기와 결말로 판단한다는 심리학 법칙이다. 이 심리학 이론을 제창한 사람은 미국의 심리학자이자 경제학자인 다니엘 카너먼(Daniel Kahneman)이다.
>
> 카너먼은 사람들에게 두 가지씩 실험을 했다. 실험 A는 차가운 물에 60초간 손을 담그는 것이고, 실험 B는 차가운 물에 60초간 손을 담근 후에 수온이 조금 더 높은 물에 30초간 손을 더 담그는 것이다. 그 뒤에 A와 B 중 다시 해보고 싶은 실험을 선택하게 하니 80%의 사람들이 실험 B를 선택했다. B의 실험 마지막 단계에서 차가움이 다소 완화된 탓에 A실험보다 조금 더 낫다고 기억된 결과이다.

사전 준비

1. 준비 자세1

절정은 무엇인지 파악한다

마음속에 '무엇을 절정으로 할지'를 분명하게 설정해둔다. 단, 이 절정이 너무 시시한 내용이면 보는 사람의 기대치가 낮아져 결말에 무엇이 나와도 인상은 나쁠 수밖에 없다.

2. 준비 자세2

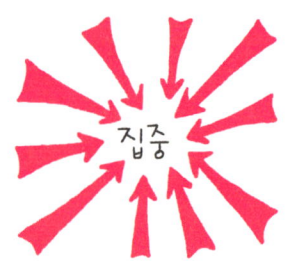

집중력을 갖겠다고 결심한다

마지막 결말까지 끝을 봐야 비로소 피크 엔드 법칙이 효력을 발휘한다. '완전히 지쳐서 마지막이 흐지부지'되지 않도록 집중력을 유지한다.

3. 실행 연습

예행연습도 중요하다

좋은 절정과 결말을 제공하기 위해서는 과정에 어느 정도 익숙해질 필요가 있다. 익숙하지 않고 서툰 모습을 보이면 그것이 절정이 되어버리기 때문이다. 미리미리 예행연습을 해둔다.

4. 옷차림

첫인상은 좋게 한다

외모에서 전해지는 이미지가 좋으면 후광 효과에 의해 절정도 결말도 한결 더 좋게 느껴진다. 물론 내용이 중요하지만, 첫인상도 신경 써야 유리해진다.

Let's Start! 실천하기 위한 과정

목표 프레젠테이션이 성공할 확률을 높이기 위해 내용을 갈고닦아 완벽하게 만든다.

1. 프레젠테이션이 계속 실패한다

최선을 다해 고객에게 프레젠테이션을 하지만 최근에 자꾸 경쟁사에게 밀리기만 한다. 내용은 크게 다르지 않은데, 도대체 왜 그럴까 고민이다.

2. 프레젠테이션 방법을 바꾼다

피크 엔드 법칙 테크닉을 사용하여 '프레젠테이션을 좀 더 호소력 있는 것으로 만드는 방법'을 고민한다.

3. 절정이 되는 이야깃거리를 찾는다

프레젠테이션 전체를 하나의 스토리로 생각하면 일목요연하게 제안하는 부분이 절정의 단계가 된다.

4. 기승전결의 '승'을 절정으로 자료를 만든다

프레젠테이션 자료를 기승전결의 흐름에 따라서 작성한다. 이야기를 시작하고(기) ⇒ 새로운 제안을 하고(승) ⇒ 새로운 제안에 이르게 된 이유를 말하고(전) ⇒ 마무리한다(결). 이 중에서 설성에 해낭하는 것이 '승'이고, 결발에 해낭하는 것이 '결'이다.

5. 눈길을 사로잡을 수 있는 내용으로 만든다

제안하는 내용이 중요한 것은 두말할 나위도 없다. 이것을 지금 상태 이상으로 다듬어 '절정'이 될 수 있게 만든다.

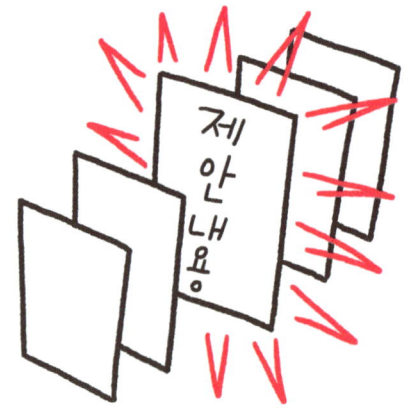

6. 따분하지 않은 토크를 연습한다

프레젠테이션을 하는 도중 고객이 잠들어 버린다면 절정이 될 수 없다. 고객이 따분함을 느끼지 않도록 토크를 연습해둔다.

7. 이야기의 강약을 조절한다

프레젠테이션 중이라고 말만 하는 것이 아니다. 고객이 따분하지 않고 이해하기 쉽도록 내용을 전달하기 위해 화이트보드에 글을 쓰거나, 손을 들게 하는 방법으로 고객을 참여시켜도 좋다.

👉 POINT

프레젠테이션에 집중하지 못하고 노트북이나 스마트폰으로 메일을 체크하는 등 딴짓을 하는 사람이 있다면 몸을 움직여 상대의 시선을 집중시킨다.

8. 집중해 마무리한다

집중력을 유지하면서 마무리한다. '결말'은 여기서 시작된다고 봐도 좋다.

9. 질의응답도 완벽하게 대응한다

고객에게 질문을 받는다. 여기서도 '결말'의 인상을 좋게 하기 위하여 시원시원하게 대답한다.

10. 프레젠테이션을 종료한다

활기차게 "감사합니다!"라는 말로 프레젠테이션을 마무리하고 퇴장한다.

피크 엔드 법칙 테크닉

약속에서는 떠날 때가 중요하다

퇴실할 때도 방심하지 않는다

영업의 현장이나 약속 장소에서의 '결말'은 그 자리를 떠날 때이다. 회의실에서 나올 때는 예의 범절을 의식하여 앉았던 의자를 원래 위치로 돌려놓고 공손하게 인사하는 등 마지막까지 마음을 놓지 않는다.

전화나 메일도 적절히 끝낸다

전화나 메일에서도 결말에 따라 인상이 크게 달라진다. 특히 통화를 종료할 때 갑자기 찰칵하고 끊거나 일방적으로 대화를 끝내지 않는다.

선택법 테크닉

♥ Choice method Technique

두 가지 선택지로 상대를 몰아쳐 정상적인 판단을 방해하는 심리 테크닉이다

기본 내용

선택법(Choice Method)이란, 두 가지 중 하나를 선택할 때 상대방의 정상적인 판단 능력을 방해하는 테크닉으로 미국의 문화인류학자이자 정신의학자인 그레고리 베이트슨(Gregory Bateson)이 제창한 심리학 이론이다.

예를 들어 데이트 신청을 하고 싶은 이성이 있다고 가정해보자. "데이트할래요?"라고 직설적으로 말하면 단번에 거절당할 가능성이 있지만, "다가오는 일요일에 어디라도 갈까요? 동물원과 미술관 중 어디가 좋아요?"라고 물으면 "으흠, 미술관이 좋겠어요"라는 식으로 대화가 전개될 수 있다. 이 스킬은 비즈니스에서도 응용 가능하다.

사전 준비

1. 준비 자세1

각오한다

평범하게 접근하면 어느 사이엔가 '평상시 패턴'이 되어버린다. 어떻게든 상대방의 마음에 파고드는 것을 목적으로 끝까지 맞선다고 각오해야 한다.

2. 준비 자세2

선택지를 생각한다

상대방이 어떤 대답을 해도 대응할 수 있도록 다양한 경우의 수를 생각한다. 상품이 있다면 그에 대한 모든 정보를 머릿속에 넣어둔다.

3. 편리한 도구1

후광 효과를 사용한다

상대를 설득하러 가는 자리에는 자신의 권위를 세워줄 무언가를 가지고 간다. 특별한 자격이나 높은 직책이 드러나는 명찰이나 명함 등을 준비해 꺼내 보이면 상대는 '이런 사람이 말하는 것이라면 믿을 수 있겠다'는 생각을 갖게 된다.

4. 편리한 도구2

시원스럽게 선택하도록 돕는다

비즈니스 미팅에서는 그 자리에서 고객이 깊이 생각하지 않고 시원스럽게 선택할 수 있도록 관련 자료를 완벽하게 준비한다. 예를 들어 소매업을 하는 사람은 취급하는 제품이 잘 정리된 카탈로그나 샘플 상품을 준비해가면 미팅 자리에서 고객의 머릿속에 제품의 이미지가 쉽게 떠오르도록 만들 수 있다.

Let's Start! 실천하기 위한 과정 ···○

| 목표 | 영업 전화에 좀처럼 수락하지 않는 고객에 대한 접근법을 바꿔 계약을 따낸다. |

1. 영업 리스트로 공략한다

상사가 '리스트의 고객에게 하나하나 접근해보라'는 명령을 내린다.

2. 방문일시를 제안한다

"직접 만나 뵙고 설명해 드려도 될까요?" 라는 전화로 접근한다.

3. 상대가 거절한다

상대로부터 "아니, 괜찮아요. 바빠서요" 라며 냉정하게 거절당한다.

4. 두 개의 날짜를 제시해본다

여기서 선택법을 사용한다. "○월 ×일과 △일 중 어느 때가 좋습니까?"라고 방문해도 좋다는 것을 전제로 질문한다.

5. 고객이 선택한다

"○월 ×일이라면 시간이 좀 괜찮을 것 같아요"라는 대답을 듣는다.

6. 프레젠테이션을 하러 간다

○월 ×일로 정해진 날짜에 고객을 찾아가 프레젠테이션을 한다.

7. 반응은 있지만 결정하지 못한다

상품을 열심히 설명하고 보여주었지만 마무리를 지으려고 하면 고객은 입을 다물어 버린다.

8. 고객에게 다시 선택을 제안한다

계속 망설이는 고객을 잘 관찰한 결과 특히 파란 색과 하얀 색 상품에 관심을 보인 것을 알 수 있었다. "그렇다면 파란 색과 하얀 색 중에서는 어느 쪽이 좋으세요?"라는 새로운 질문으로 선택법을 사용한다.

선택법 테크닉 167

9. 결단의 목소리를 듣는다

"둘 중에서는 하얀 색이 더 좋겠어요"
라는 대답을 듣는다.

10. 무사히 계약한다

고객의 마음도 하얀 색으로 굳어져 무사히
계약하기에 이른다.

선택법 테크닉

모빙(Mobbing)과 힘 희롱(power harassment) 이라는 부정적인 선택법

두 가지의 모순된 메시지를 '더블 포인트'라고 부른다.

세뇌

사이비 종교에서 주로 사용하는 마인드 컨트롤 테크닉이다. 사이비 종교에 빠지게 되는 초기 단계에서 '당신은 전생의 업보 때문에 현생에서 수행하지 않으면 구원받지 못할 것이다'라는 말을 듣고 수행을 시작한다. 열심히 수행해도 '여전히 수행이 부족하다!'며 매도당한다. 수행이 계속되는 가운데 정상적인 판단력을 잃고 결국 세뇌되고 만다.

모빙과 힘 희롱

회사에서는 프로젝트를 추진하기 전에 '사전에 반드시 상사와 상담하라'고 말한다. 상사에게 상담을 요청하지만 정작 상사는 '그런 것까지 일일이 묻지 말고 알아서 처리하라!'며 나무란다. 이는 아이를 키우는 가정에서도 흔히 일어나는 일이다. 부모가 아이에게 '솔직히 대답해보라'고 말하면 아이는 솔직하게 털어놓지만, 부모는 '변명하지 마'라며 다그치는 것도 모순이다.

가정폭력

배우자에게 심한 폭력을 휘두르고 나서 눈물을 흘리며 사과하고 용서를 구하는 사람이 있다. 앞으로 다시는 폭력을 쓰지 않겠다며 맹세하지만, 또다시 폭력을 행사한다. 이 같은 과정이 반복되면 서로에게 의존하는 공의존(共依存)의 관계가 만들어지기도 한다. 폭력을 당한 배우자가 '때리는 것만 빼면 사실 나쁜 사람은 아니야'라고 생각해 폭력으로부터 벗어날 수 없게 된다.

츤데레

겉으로는 차가워 보이지만 때때로 다정한 것을 '츤데레'라고 한다. 말로는 '당신을 좋아하는 것은 아니야'라고 하지만 따뜻하게 안아주는 상대방의 모순적인 태도에 노출되는 동안 판단기준이 흐려지면서 때때로 느껴지는 애정에 의지하는 동안 마음이 불안해진다.

에빙하우스 망각 곡선 테크닉

♥ Ebbinghaus curve Technique

망각의 패턴을 알면 뇌의 기억을 최대로 끌어 올릴 수 있다

기본 내용

영어 단어나 전화번호, 업무처리 프로세스처럼 분명 암기했던 항목을 까맣게 잊어버리는 것은 어떤 구조에 의해 일어나는 현상일까? 기억한 것이 시간이 지남에 따라 잊혀져가는 망각의 패턴을 밝혀낸 사람이 독일의 심리학자 헤르만 에빙하우스(Hermann Ebbinghaus)이다.

그는 몸소 자신을 연구 대상으로 삼아 무의미한 단어의 철자를 암기한 후 망각하는 속도를 조사했다. 그 결과 암기한 지 20분 뒤에는 42%, 1시간 뒤에는 59%, 1일 뒤에는 67%를 잊는다는 것을 알게 되었다. 그 후로는 조금이지만 망각의 속도가 주춤했다. 이것을 그래프로 나타낸 것이 '에빙하우스의 망각 곡선'이다.

사전 준비

1. 필요한 도구1

기억하고 싶은 것은 무엇인지 선택한다

기억하고 싶은 정보가 무엇인지 애매한 상태보다는 확실한 편이 낫다. 암기하고 싶은 정보를 정리해두면 반복하여 복습할 때도 도움이 된다.

2. 필요한 도구2

복습하는 날을 정한다

복습할 계획을 세워두지 않으면 따로 시간을 내어 복습하기 힘들다. 달력이나 수첩, 스마트폰 캘린더에 복습할 날을 기록해둔다.

3. 준비 자세

도식화한다

복잡한 것을 암기할 때 도식화하면 쉽게 기억하는 데 도움이 된다. 종이와 펜을 준비하고 표나 그림을 그리면서 암기하면 쉽게 기억에 남는다.

4. 타인에 대한 대응

정기적으로 복습시킨다

암기해야 하는 대상이 본인이 아닌 타인인 경우도 있다. 예를 들어 부하직원이나 후배에게 기억시키는 경우에는 그날 중, 다음 날, 일주일 뒤, 한 달 뒤에까지 복습시키면 좋다.

Let's Start! 실천하기 위한 과정 ···○

| 목표 | 연수 프로그램을 통해 사리분별 못하는 신입 사원을 일 잘하는 후배로 키운다. |

1. 연수 프로그램에 참여시킨다

유능한 인재로 키우고 싶은 신입을 연수 프로그램에 참여시킨다.

2. 쉬는 시간에 복습시킨다

암기한 것은 자꾸 잊어버리기 때문에 쉬는 시간에 무리하지 않는 범위에서 가볍게 복습시킨다.

3. 그날 중 한차례 복습시킨다

피곤하겠지만 당일에 학습한 것을 복습시킨다.

4. 그 다음 날도 복습시킨다

교재 읽기, 노트 정리 등의 방식으로 연수 프로그램에서 습득한 내용을 복습시킨다.

5. 피드백을 준다

암기한 내용이 적절한지 확인하고 필요하다면 수정해준다.

6. 일주일 뒤에 복습시킨다

연수를 받은 지 일주일이 지났을 때 지금까지 배운 내용을 복습시킨다.

POINT

쉽게 암기하기 위해 케네스 힉비(Kenneth Higbee)의 7가지 원리를 사용하면 좋다.
①유의미화 ②조직화 ③연상 ④시각화 ⑤주의 ⑥흥미 ⑦피드백

7. 피드백을 준다

기억한 내용이 적절한지 확인하고 필요하다면 수정해준다.

8. 3주 뒤에 복습시킨다

연수를 마친 지 3주 뒤에 배운 내용을 복습시킨다.

9. 1개월 뒤 복습시킨다

연수를 마친 지 한 달 뒤에 배운 내용을 복습시킨다

10. 유능한 부하직원이 된다

노력한 성과가 나타나 신입사원은 유능한 부하직원이 된다.

🖐 POINT

효과적인 복습 패턴을 익히고 활용하는 것은 부하직원을 유능한 인재로 키울 수 있을 뿐 아니라, 본인의 승진이나 자격증 취득을 위한 공부에도 도움이 된다.

에빙하우스 망각 곡선 테크닉

인간은 망각의 동물이다

에빙하우스가 망각의 패턴을 알아내기 위한 실험에 사용한 것은 무의미한 단어의 철자일 뿐이었다. 연수 프로그램에서 배우는 정보처럼 의미 있는 내용을 학습하는 경우라면 보다 쉽게 기억에 남을 것이다. 또한 망각 곡선에서 다룬 것은 어디까지나 단기 기억 정보이다. 단기 기억이 장기 기억으로 보내지면 더욱 오래도록 기억할 수 있다.

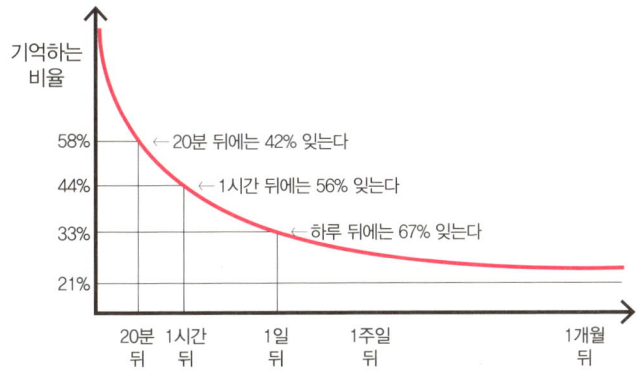

단기 기억이란

감각기관으로 파악한 정보가 일시적으로 저장되는 장소이다. 한 번에 처리되는 정보량은 7~9개이고 단기 기억이 유지되는 시간은 보통 15~30분 정도다. 이것을 반복하여 복습하면 장기 기억이 된다.

장기 기억이란

영속적인 기억을 말하며 저장 용량은 거의 무한에 가깝다. 언어에 의해 기술할 수 있는 '선언적 기억', 언어로는 표현하기 어렵지만 몸이 기억하는 상태인 '절차적 기억'으로 나뉜다. 자전거 타는 방법이 절차적 기억에 해당한다.

심리조작 테크닉 19

벤자민 프랭클린 효과 테크닉

♥ Benjamin Franklin effect Technique

자신을 미워하는 상대에게 일부러 도움을 청해 상대와의 거리를 좁힌다

> **기본 내용**
>
> '벤자민 프랭클린 효과'란 벤자민 프랭클린의 에피소드에서 기인한 심리조작 테크닉으로 자신을 적대시하는 사람을 회유할 때 사용하면 좋은 심리 기술이다.
>
> 　미국의 정치가 벤자민 프랭클린은 자신을 적대시하는 정적(政敵)이 희귀본 수집가라는 정보를 알아내고, 일부러 희귀본을 빌려달라고 부탁한다. 상대는 기꺼이 응했고 이후 그에 대한 태도가 호의적으로 바뀌었다고 한다. 적대시했던 감정이 호의적으로 변하는 현상은 심리학의 '인지 부조화'로 설명할 수 있다. 상대는 자신이 싫어하는 플랭클린에게 본인의 귀중한 책을 빌려 준 행동으로 '책까지 빌려줄 정도라면 나는 프랭클린을 좋아한다'고 생각하기에 이르렀던 것이다.

> **사전 준비**

1. 준비 자세

상대를 관찰한다

확실한 효과를 얻기 위해서는 무엇을 부탁할지 잘 선택해야 한다. 상대를 잘 관찰하여 그 사람의 자존심을 자극하는 포인트가 어디인지 찾아낸다.

2. 적합한 인물

관찰하고 정한다

벤자민 프랭클린 효과를 잘 활용하기 위해서 적을 잘 선택해야 한다. '특별한 이유 없이 자신을 적대시하는 사람'이 가장 좋다. 상대가 나를 적대시하는 이유가 나의 무능력 때문이라면 먼저 능력을 키운다.

3. 필요한 도구

감사의 선물을 잊지 않는다

상대방에게 무엇을 부탁하는지에 따라 다르겠지만, 상대에게도 나의 부탁이 부담이 되는 것도 사실이다. 단순히 무례한 사람이 되지 않도록 감사의 선물을 준비해두면 부담감을 덜 수 있다.

4. 적당한 시간

마음이 여유 있을 때를 노린다

상대방이 바쁠 때 부탁하면 쓸데없는 미움만 살 뿐이다. 상대가 큰일을 마친 뒤 마음을 놓는 순간처럼 마음이 느슨해져 쉽게 받아줄 타이밍을 노린다.

Let's Start! 실천하기 위한 과정

| 목표 | 일은 잘하지만 나를 좋아하는 것 같지 않은 후배. 어떻게든 내 편으로 만들어 쉽게 일하고 싶다.

1. 나에게 호의적이지 않은 태도를 보이는 후배가 있다

일을 잘 하는 유능한 후배가 나에게는 반항하거나 건방지게 말한다. 솔직히 불편하고 마음에 안 들지만 어떻게든 관계를 개선하고 싶다고 생각이 들자 벤자민 프랭클린 효과가 떠올랐다.

2. 상대를 관찰한다

어떤 부탁을 하면 좋을지 정하기에 앞서 일단 상대를 관찰한다.

3. 후배가 좋아하는 것을 알아낸다

어떤 드라마의 열혈 팬으로 그 드라마 DVD의 모든 시리즈를 소장하고 있다는 사실을 알아냈다.

4. 후배에게 DVD를 빌려달라고 한다

'그 드라마에 대해 잘 알고 있다고 들었는데, 요즘 나도 관심이 생겨서…. 혹시 첫 시즌 DVD를 빌릴 수 있을까?'라고 부탁한다.

5. 후배의 반응이 차갑다

후배는 "선배, 그런 취미가 있으셨군요? 하긴 나랑 상관없지만…"이라며 여전히 냉랭한 반응을 보인다.

6. 후배가 DVD를 빌려준다

"깨끗하게 보고 돌려주세요!"라는 말에 화가 났지만 기뻐하며 받는다.

7. 감사 선물과 함께 돌려준다

"아끼는 것을 빌려줘서 고마워, 정말 재미있게 봤어. 네가 왜 이 드라마에 빠져 있는지 알 것 같아"라고 말하며 후배가 좋아하는 과자와 함께 돌려준다.

8. 전혀 싫은 눈치는 아니다

자신의 취미를 칭찬받은 후배는 나를 싫어하는 눈치가 아니다.

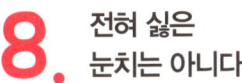

9. 확실히 친절해졌다

후배는 더 이상 내게 딴지를 걸지 않는다. 우리는 반갑게 인사를 건네는 사이가 되었을 정도로, 나를 향한 후배의 태도가 확실히 달라졌다.

10. 관계가 좋아진다

'선배, 그 일 도와드릴까요?'라며 업무적으로도 나를 도와준다.

벤자민 프랭클린 효과 테크닉

얼핏 반보성의 원리로 보인다

벤자민 프랭클린 효과는 '반보성의 원리'와 비슷해 보이기도 한다. 차이점은 반보성의 원리처럼 내가 먼저 움직이는 것이 아니라 상대에게 '부탁한다'는 차이가 있다. 벤자민 프랭클린 효과에서는 상대의 마음속에서 나에 대한 인식이 좋게 바뀐다. 단순한 보답 이상으로 인간관계가 간단히 개선되는 것이다.

호의의 반보성

호의에 호의를 가지고 응대하는 것이 반보성이다. 선물을 받는다면 보답하고 싶어진다. 좋다는 말을 들으면 '좋은 사람'이라는 생각이 든다.

적의의 반보성

반보성의 원리는 무엇이든 좋은 상황에서만 볼 수 있는 것은 아니다. 한쪽이 적의를 보이면 상대도 적의를 가지고 대하게 된다.

양보의 반보성

'도어 인 더 페이스 테크닉'에서 보일 수 있는 반보성의 원리. 상대가 무리한 요구를 양보해준다면 이쪽도 '예스'라고 말하기 위해 양보해야 한다고 생각한다.

자기개시의 반보성

처음 만나는 사람과 이야기할 때 한쪽이 먼저 자기개시를 하면 상대쪽도 마찬가지로 자기개시를 시작한다. '상대가 이렇게 이야기해주기에 나도'라고 생각하는 것이다.

메라비언의 법칙 테크닉

♥ The law of Mehrabian Technique

'눈은 입만큼 많은 것을 이야기한다'는 속담처럼 몸짓은 사람의 심리를 분명히 표현한다

기본 내용

　미국의 심리학자 앨버트 메라비언(Albert Mehrabian)이 제창한 심리학 이론이다.
　심리학으로 타인의 마음을 전부 들여다볼 수 있는 것은 아니다. 단, 마음의 움직임이 겉으로 쉽게 드러나는 것도 사실이다. 예를 들어 눈과 입은 심리상태를 잘 보여주고, 손이나 팔을 비롯한 상반신만 봐도 상대가 지금 나에 대해 어떤 식으로 생각하는지 알 수 있다. 하반신은 상반신보다 움직임이 적지만 적지 않게 본심을 나타낸다. 어떤 심리일 때 몸이 어떻게 움직이는지를 알아두면 일을 할 때도, 개인적으로도 큰 도움이 될 것이다. 단, 이러한 심리학 이론을 잘 알고 의도적으로 행동하는 사람도 있으니 상대방의 몸짓에 따른 심리 상태를 너무 맹신하지는 말아야 한다.

Let's Start! 실천하기 위한 과정

목표 몸짓, 행동을 통해 상대의 심리를 이해한다.

얼굴을 만진다

1. 코를 만지는 사람은 거짓을 말하고 있다

대화 중에 코를 만지는 사람은 거짓을 말하고 있을 가능성이 농후하다. 가급적 상대가 눈치채지 못하도록 얼굴을 감추고 싶지만 전부 감출 수는 없기에, 무의식적으로 얼굴 한가운데 위치한 코만이라도 감추려는 중이다.

2. 턱을 만지는 사람은 방어적인 자세를 취하고 있다

턱에 손을 가져가는 행동에는 '방어'의 의미가 있다. 상대로부터 공격받고 있다고 느끼고 자신을 지키려는 마음이거나, 자신이 이야기하는 도중에 결점이 드러날까 봐 불안해하는 중이다.

3. 입을 가리는 사람은 자신감이 없다

입을 가리는 것은 자신의 주장이나 마음을 감추려는 심리를 표현한다. 경계하면서 말할 때 자주 보이는 특성으로, 상대가 대화 도중 자꾸 입을 가린다면 자신 없는 주제로 말을 떠벌리는 중일 수 있다. 입을 가리는 것이 평소의 버릇이라면 자신감이 없는 사람일 확률이 높다.

4. 눈을 비비는 사람은 부정하려고 한다

이야기 도중에 눈을 비비는 행동은 좋아하지 않는 사람과 대화하거나, 상대방의 발언에 부정적인 마음을 가지고 있다는 것을 의미한다. 무언가에 대하여 타인을 부정하려는 경향이 있는 사람 중에는 눈을 비비는 게 버릇인 경우가 많다.

머리카락을 만진다

1. 머리카락을 쓰다듬는 사람은 응석받이일 가능성이 많다

본인의 머리카락을 스스로 쓰다듬는 버릇이 있는 사람은 상대에게 '칭찬받고 싶다'거나 '응석부리고 싶다'는 강한 바람을 가지고 있다. 아이가 착한 일을 했을 때 칭찬해주며 머리를 쓰다듬어주는 것처럼, 그 상황을 스스로 쓰다듬는 것으로 만드는 것이다.

2. 머리카락을 흐트러뜨리는 사람은 초조하다

사람이 업무적으로 막다른 곳에 몰려 있다고 느껴지면 돌연 머리카락을 쥐어잡으며 흐트러뜨린다. 빈번히 머리를 흐트러뜨리는 사람은 평상시에도 불안감이나 초조함, 짜증나는 감정을 느끼는 중일 수 있다.

3. 머리를 쓸어 넘기는 사람은 상대를 좋아할 확률이 높다

머리 쓸어 넘기기는 여성이 여성다움을 어필할 때 흔히 하는 몸짓이다. 머리를 쓸어 넘기고 있다면 이성을 비롯하여 호감이 있는 사람에게 '나는 매력적인 존재'라는 것을 무의식중에 표현하는 중이다. 누군가 앞에서 확실히 평소보다 자주 머리카락을 쓸어 넘긴다면 그 사람에게 확실히 호감을 느끼고 있는 것이다.

4. 손끝에 머리카락을 돌돌 마는 사람은 지루한 상태다

대화 중 손끝에 머리카락을 감는 것은 지루하다는 신호다. 손상된 머리카락을 찾아내는 것도 똑같은 의미다. 머리카락을 뱅글뱅글 꼬는 행동은 '자신에게 관심을 가져달라'고 말하는 것이다.

시선 · 표정

1. 눈을 치켜뜨는 사람은 수동적이다

여성이 귀엽게 보이려고 눈을 치켜뜨는 경우가 아니라면 '당신을 따르겠다'는 신호이다. 눈을 치켜뜨는 사람은 대부분 자신이 능동적으로 행동하기보다 수동적으로 누군가가 시키는 대로 하는 게 편하다고 생각하는 타입이다.

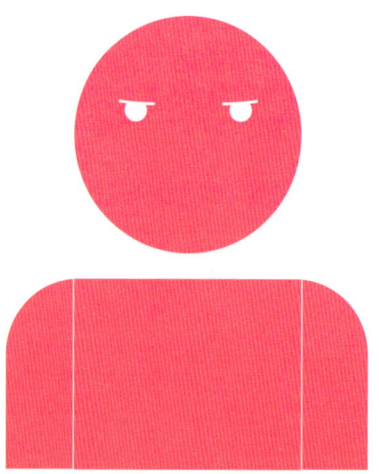

2. 눈을 내리까는 사람은 자만심이 깔려있다

눈을 내리깔고 본다면 '아래로 본다'는 말처럼 자신이 가장 잘났다고 생각하고 있다는 증거이다. 그렇게 바라보는 버릇에 반드시 실력이 동반되지는 않는다. 뛰어난 사람이 되고 싶다는 생각만으로 아래로 보는 태도가 버릇이 되기도 한다.

3. 두리번거리는 사람은 차분하지 않다

두리번두리번 시선을 좌우로 움직이는 행동은 두 가지 경우로 나눌 수 있다. 하나는 차분하지 않은 성격으로 늘 어떠한 불안감을 가지고 있다. 다른 하나는 이런저런 생각을 하고 있을 때다.

4. 눈을 자주 깜빡이는 사람은 불안감을 느끼는 중이다

눈 깜빡이는 게 버릇인 사람도 있다. 이야기 중에 갑자기 눈 깜빡임이 많아진다면 긴장감과 불안함을 강하게 느끼기 시작했다는 신호다. 눈 깜빡임으로 상대가 불안해하는 것을 눈치 챘다면 그 화제를 서둘러 마무리할 수 있다.

> **앉는 자세**

1. 다리를 벌리고 앉는 사람은 긴장을 풀고 있다

벌어진 다리는 긴장을 풀고 경계하지 않고 있다는 심리를 나타낸다. 반면 타인에 대하여 공격적인 자세를 취하는 일이 많은 사람은 이 자세를 '위협'의 의미로 취하기도 한다. 동물이 위협적으로 보이려고 할 때 자신의 몸을 크게 보이려는 것과 같다.

2. 의자에 깊이 앉는 사람은 대화를 즐기고 있다

대화 중 의자에 깊이 앉는 사람은 긴장을 풀고 대화를 즐기고 있다는 신호다. 상대의 이야기도 흥미진진하게 받아들이고 있다. 단, 고집이 세거나 자신감이 넘치는 사람도 이런 자세를 취하기에 어느 쪽에 해당하는지 파악하는 것이 중요하다.

3. 의자에 얕게 앉아 있는 사람은 자리를 빨리 뜨고 싶어한다

의자에 얕게 앉아 있는 것은 '오랜 시간 이야기하고 싶지 않다', '지겨우니 빨리 돌아가고 싶다'며 대화 내용이나 그 자리의 분위기가 식상하다는 심리를 나타낸다. 협의하는 자리에서 상대가 이렇게 앉아 있다면 설득이 힘들 가능성이 크다. 설득하려고 노력할수록 뒷걸음질 칠 수도 있다.

4. 다리를 꼬고 있는 사람은 경계 중이다

다리를 꼬고 앉는 것은 상대를 경계하고 마음을 열지 않고 있다는 신호이다. 무의식중에 다리를 꼬는 것으로 상대와 일정 거리를 두는 중이라고 말할 수 있다. 한편으로 자신의 다리를 자신에게 얹음으로써 안심하고 있다는 신호이기도 하다.

그 밖의 동작

1. 손톱을 깨무는 사람은 스트레스로 가득하다

사람들은 강한 스트레스를 느낄 때 손톱을 물어뜯는다. 손톱을 뜯는 게 버릇이라면 평상시 스트레스에 노출되어 일상에서 불안함과 초조함을 느끼고 있을 수도 있다.

2. 팔짱을 끼는 사람은 경계하고 있다

상대방에게 경계심을 가지고 있거나 상대의 이야기나 인품이 의심스럽다면 팔짱을 끼게 된다. 팔짱을 끼는 것으로 자신을 지키는 것이다. 팔짱 끼는 것이 버릇인 사람은 기본적으로 타인을 신용하지 않는다. 팔짱은 자신의 팔로 자신을 안는 행동으로 '안심하고 싶다'는 마음의 표현이기도 하다.

3. 턱을 괴고 있는 사람은 지루하다

턱을 괴는 것은 듣고 있는 이야기가 지루하거나 불만의 감정이 강한 경우에 많이 나타나는 동작이다. 평소 턱을 괴는 버릇이 있다면 매사에 불만이 많은 사람으로 외톨이가 되는 상황도 자주 생긴다.

4. 고개를 갸웃거리는 사람은 불만을 느낀다

내가 한 발언에 자신이 없거나, 하고 있는 대화에 만족하지 못하거나, 불신감을 느낄 때 고개를 갸웃거리게 된다. 또한 상대를 얕보는 사람 중에는 고개를 갸웃거리는 것이 버릇인 경우도 많다.

👉 INDEX-중요 표현

ㄱ~ㅎ

거울 효과 테크닉	55
공의존	169
낮은 공 테크닉	25
뉴런	55
단순 접촉의 효과	139
대비 효과	127
도어 인 더 페이스 테크닉	15
동조행동	56, 147
디스페이싱	147
라포	112
런천 테크닉	129
메라비언의 법칙	187
모빙	169
미완성 효과 테크닉	81
반동조행동	147
반보성	18, 32, 153, 185
밴드왜건 효과	103
벤자민 프랭클린 효과	179
선택법 테크닉	163
세뇌	169
스몰 스텝 테크닉	44
스텔스 마케팅	74
아이사스 모델	126
아이스 브레이킹	17
양면 제시	119

에빙하우스 망각 곡선	171
연합의 법칙	78
오반응	53
윈저 효과 테크닉	99
이븐 어 페니 테크닉	65
인지 부조화	79, 114
일관성의 원리	25, 67
자기개시 테크닉	109
자기제시	109
자이가르닉 효과	81
조령석개	35
초두 효과	124
충격의 완화 단계	23
친근 효과	124, 127
칼리굴라 효과	89
투 풋 인 더 도어 테크닉	41
페이싱	147
편면 제시	119
편승 효과	103
풋 인 더 도어 테크닉	35
피크 엔드 법칙	155
필링 굿 효과	136
후광 효과 테크닉	73
힘 희롱	169

상대의 마음을 움직이는
심리조작 테크닉

초판 발행 2021년 10월 1일

지은이 사이토 이사무
옮긴이 박재현
발행인 한아름

편집 진행 이혜진
디자인 심서령

발행처 (주)엔세임
출판등록 제406-2016-000019호
주소 경기도 파주시 직지길 438 동관 2층
이메일 misterj0407@naver.com

값 14,000원
ISBN 979-11-966307-9-9(13180)

이 책의 내용을 무단복제하는 것은 저작권법에 의해 금지되어 있습니다.
파본이나 잘못된 책은 구입하신 곳에서 교환해 드립니다.

출판을 원하시는 소중한 원고를 이메일 주소(misterj0407@naver.com)로 보내주시면 출간 검토 후, 한 글자 한글자 정성을 다해 만들어 나가겠습니다.

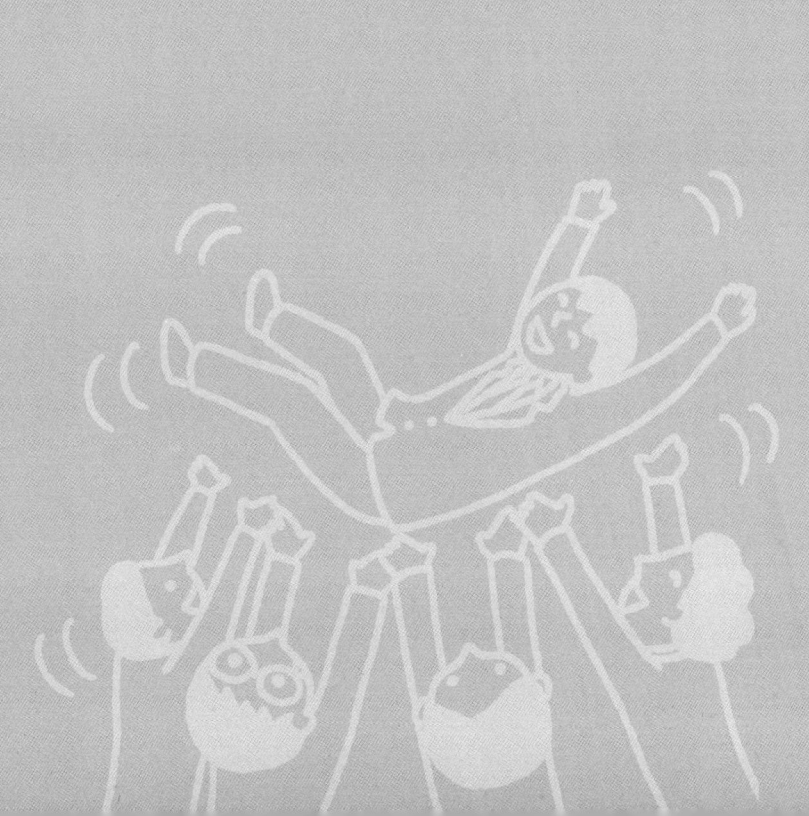